U0533418

凝视繁华的孤寂者

蒋勋谈德加

蒋勋 著

目录 Contents

001　作者序：凝视繁华的孤寂者——德加

Part 1
第一部分

**德加
之谜**

008　一张割破的画
010　未完成的杰作
012　德加与卡萨特
014　芭蕾与同情
016　私密裸体

DEGAS 德加

Part 2 第二部分	020	《妹妹与莫比里公爵》
	022	《青年斯巴达》
蒋勋现场	026	德加／卡萨特
	032	《夫人庆生》

目录 Contents

Part 3
第三部分

德加

042　德加
053　德加家族画像
070　德加与马奈
088　德加在新奥尔良与商场绘画
104　赛马和运动
127　德加与卡萨特
144　城市生活与时尚
165　洗衣女工
184　芭蕾与表演
232　妓院与女性身体

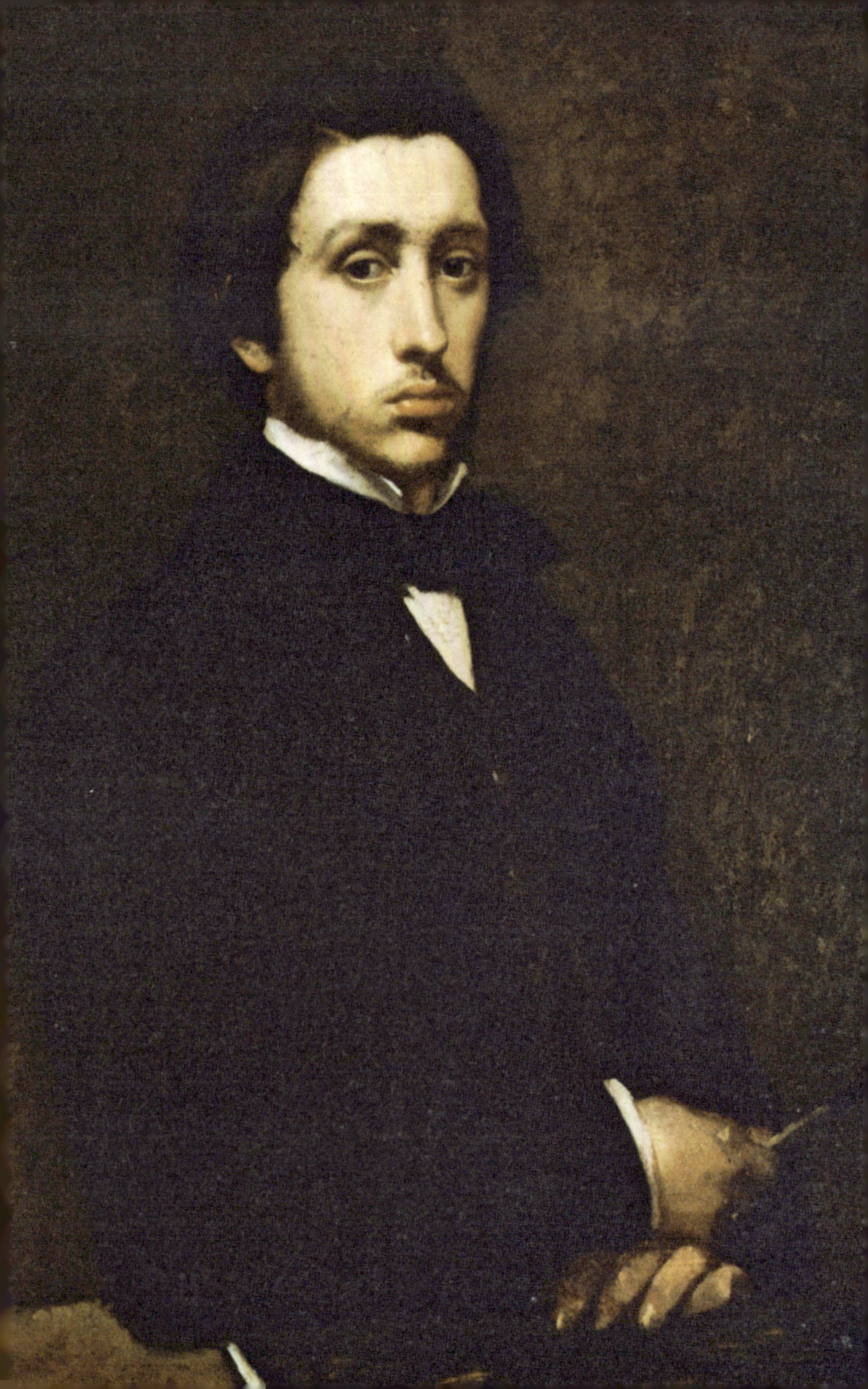

作者序：凝视繁华的孤寂者——德加

二〇一四年是德加诞生一百八十周年。从二〇一〇年以后，全世界重要的美术馆都开始陆续筹备德加的展览，从不同角度呈现和探讨德加这位画家的重要性。

二〇一二年夏天，我在巴黎奥赛美术馆看了他后期裸女主题的画展，这个展览"Degas and the Nude"是奥赛美术馆与美国波士顿美术博物馆联合筹划的，集中探讨德加在女性裸体主题上颠覆性的革命。

二〇一四年五月，美国首府华盛顿的国家美术馆推出"德加／卡萨特"（Degas／Cassatt）画展，这个展览从五月展到十月，横跨卡萨特五月二十二日的生日和德加七月十九日的生日。卡萨特生于一八四四年，二〇一四年是她诞生一百七十周年。德加一生未婚，唯一交往密切的女性就是这位美国画家卡萨特。因此，从美国的立场来看，把为德加庆生的世界性意义与美国本土的画家卡萨特连接起来，当然更适合美国国家美术馆强调的关于她身份的导向。

从二〇一四年一月开始，日本也推出有关德加的展览。日本起步早，早在一九一〇年前后已经有欧洲当代作品的收藏，当时的船业巨子松方幸次郎收藏的德加画的《马奈与马奈夫人》，目前是北九州市立美术馆的重要藏品。这件作品因为当年被马奈割破，一时众说纷纭，NHK国家电视台因此制播了有关这件作品的多方面的讨论的节目。

中国在全世界的"德加庆生"活动里好像缺席了，连美术教育界对德加也十分陌生。

中国台湾亚洲大学现代美术馆收藏有七十四件德加的铜雕作品，这些铜雕原来是德加生前为了研究马、芭蕾、裸女的形体，用石膏捏塑的实验性作品。德加生前没有展出，在他一九一七年逝世以后，因石膏原模保存不易，在一九二一至一九二二年间，陆续被翻铸成铜雕。许多美术馆也都保有这一套作品，作为对德加实验性雕塑的了解。

德加，对一般大众而言，最熟悉的就是他的芭蕾舞主题系列。但是德加的创作面十分宽广，他的作品涵盖好几个不同主题，这本书从他最早的自画像和家族肖像谈起，探索德加的贵族出身，以及他扎实深厚的古典人文背景。

他的《祖父像》《贝列里伯爵家族肖像》都是他对父系家族的寻根，也是他展现古典绘画基本功的作品。

虽是贵族出身，但德加却没有被贵族的身份框架局限。德加在一八六二年前后认识马奈，受到现代美学启发，从贵族的古典世界走出来，面向正在变化的工业革命城市、城市的中产阶级、城市的赛马赌博、城市的歌剧院与芭蕾舞、城市的咖啡厅、咖啡厅角落孤独落寞的女性,德加看到了新兴城市的热闹繁华,也透视到繁华背后人与人疏离的孤寂与荒凉。

德加比同时代的画家都更具深沉的思考性,因此没有停留在五光十色的繁华表层,他的画笔总是透视到更内在的人性。

在一个挤满芸芸众生的城市,德加同时看到了繁华,也看到了荒凉,看到了热闹,也看到了孤寂。

他从贵族的家庭出走,接触到母系家族美国路易斯安那州新奥尔良的豪宅,舅舅缪松(Michel Musson)忙碌于棉花交易市场,德加因此画下了资本主义最早的市场景况。他的父亲、弟弟都活跃于金融业。德加也是少有的涉足股票市场的画家,画下了当时犹太商人操控的股票交易炒作。

德加的绘画,像是一个时代横剖面的缩影,贵族、中产阶级、金融业、股票、棉花交易、赛马、芭蕾表演,全部成为他的绘画主题。包括他和卡萨特交往的十年,因为陪女伴挑选时尚品牌的衣服帽子,德加有机会长时间观察都会女性时尚的主题,留下了一个时代流行文化的面貌。

不只如此,走出贵族养尊处优的优雅骄矜,德加在巴黎这个繁华城市也看到了挤在边缘辛苦求生存的劳动者,他画了一系列当时处在社会底层的洗衣女工。这些工作时间长达十几个小时,没有任何福利保障的女工,疲惫、困倦,一面熨烫衣物,一面打哈欠，她们卑微辛酸的生活都被记录在德加的画中。

　　德加看到的不只是社会底层的洗衣女工的辛苦，他逐渐也转向了世俗还没有人揭发的性产业中妓院里的女性生活。他和文学领域的莫泊桑一样，用颠覆世俗歧视的眼光，重新检视女性用自己身体做交易的事实。

　　德加后期许多女性裸体，远远不同于传统学院模特儿的优雅、美丽。他大胆画出在私密空间里擦拭下体、胳肢窝、脚趾的各种女性动作，这些不预期被别人看到、不预期要取悦他人的身体，不优雅、不美，可是，是不是更真实的身体？

　　德加是颠覆者、革命者，他提出一连串对生命的询问，不满足历史总在原地踏步。

　　德加一直是难以归类的画家，他参加印象派，他又说：我不是印象派。

　　仅仅从美术画派看德加，或许不容易看清楚：德加关心人，人才是他的永恒主题，贵族、芭蕾舞者、洗衣女工、妓女——芸芸众生，回到人的原点，都是德加笔下关心的对象吧。

　　谨以此书，向德加致敬。

二〇一四年十月八日寒露过一日
于八里淡水河边

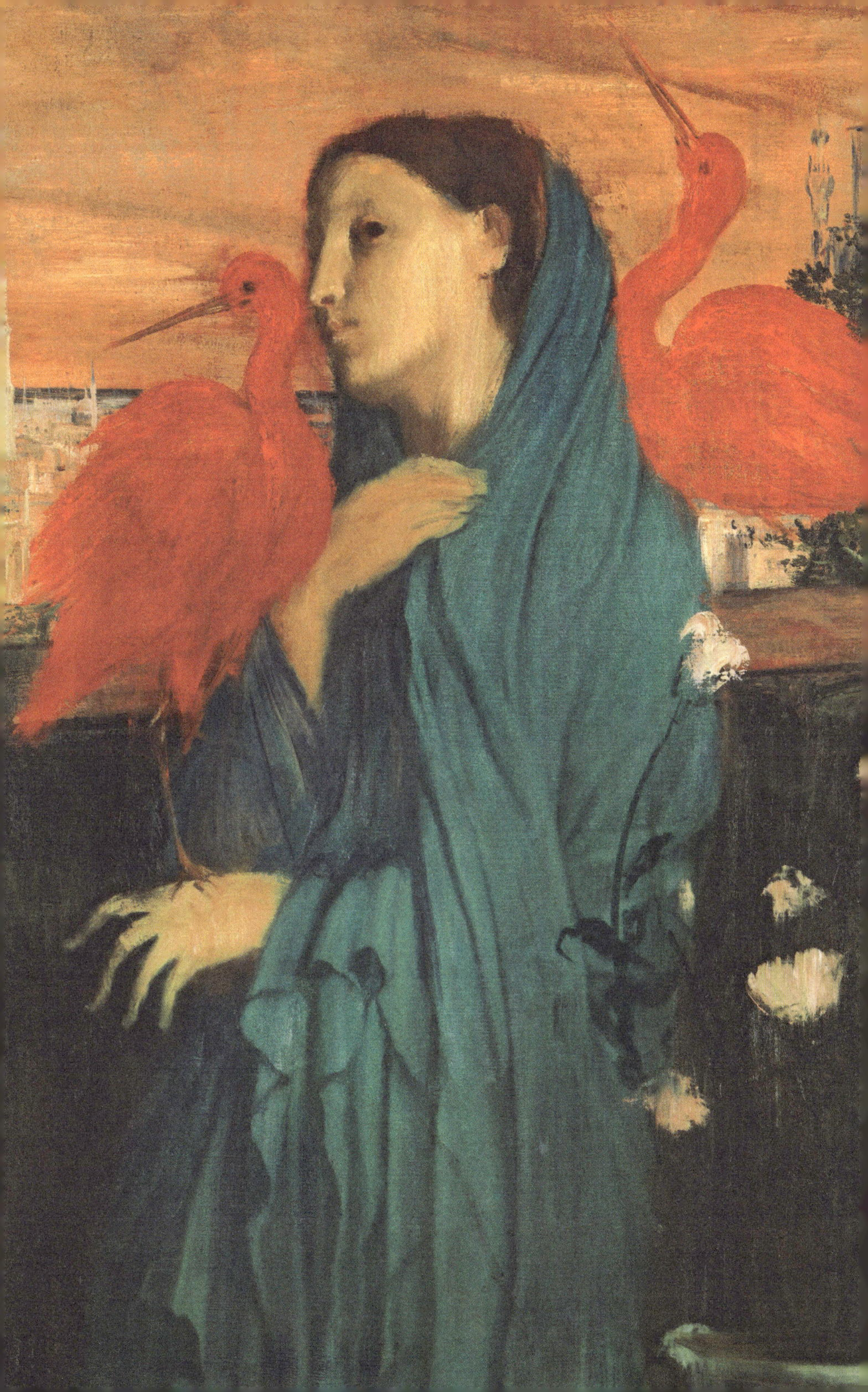

PART 1

第一部分

Puzzles . . .

德加之谜

DEGAS 德加之谜

Puzzles

一张割破的画

德加画过马奈和夫人苏珊，记录了两个大画家的亲密关系。
但是画面后来被割裂了，马奈夫人苏珊的部分完全被扯掉，不见了。
画是马奈割的。
如此暴烈的举动，
如此对待画面中自己的妻子，为什么？
德加反应如何？
两人因此决裂吗？
一连串问题，都因为这张画，成为艺术史的谜团。

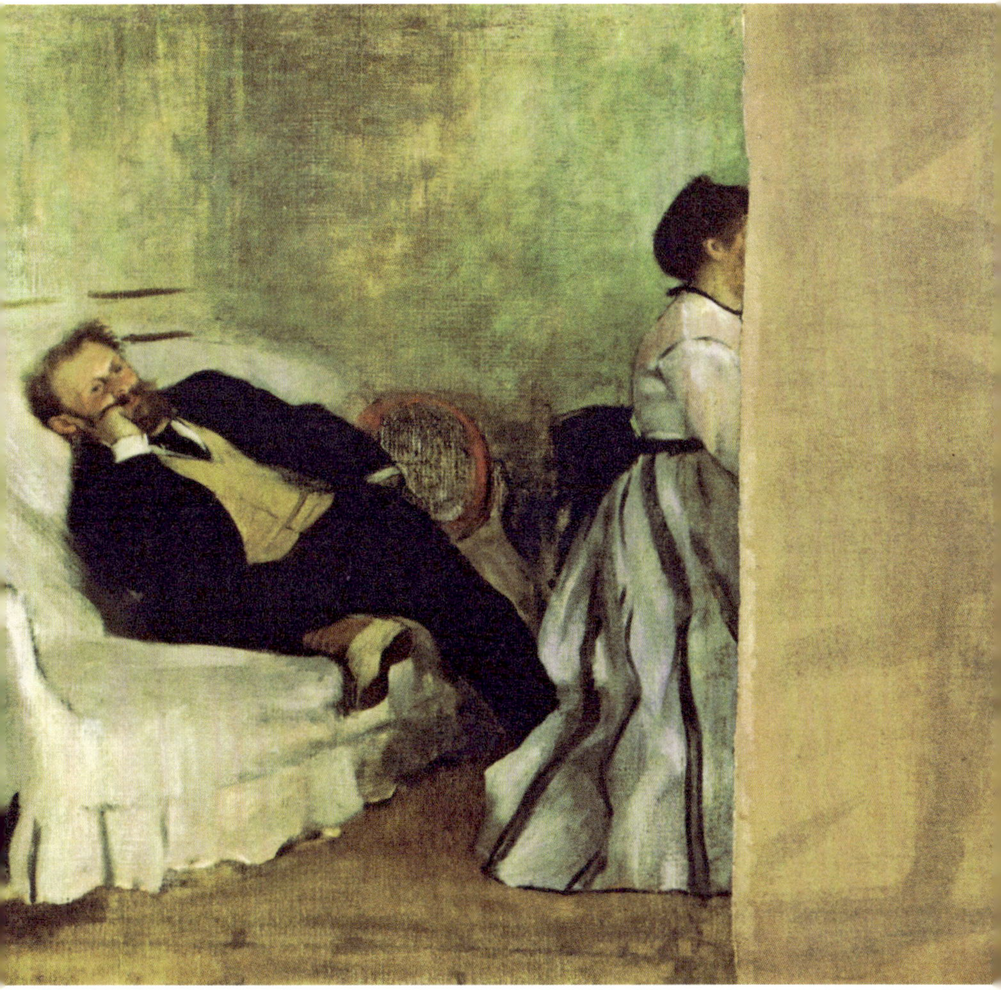

DEGAS 德加之谜

Puzzles

———

未完成的杰作

这张画德加一辈子没有完成,却一直留在身边,直到他去世。
一位少女伸手、向前倾,仿佛挑战对方;
一位少男向上伸展拉长双手,像是备战,像是蓄势待发……
为什么德加对这件作品如此钟爱?
为什么它是杰作中的杰作?

011

DEGAS 德加之谜

Puzzles

―――――

德加与卡萨特

德加与卡萨特曾经交往频繁，互动密切，创作上彼此的影响如此明显。

德加带领卡萨特学习做金属版画，卡萨特赞美德加的粉彩作品，

也因此使德加创作了更多色彩缤纷的粉彩画。

德加也常陪伴卡萨特看卢浮宫，听音乐会，出入服饰店，看卡萨特挑选帽子……

但德加画里的卡萨特几乎都是背面，

这与一般恋爱中的画家处理自己爱人的方式十分不同。

这是唯一一幅没有完成的肖像，

卡萨特后来还表示：不希望有人知道自己摆姿势让德加画。

两人都一直保持单身未婚，

是什么原因，使他们是爱人，是师生，是知己，像朋友，却又如同陌生人？

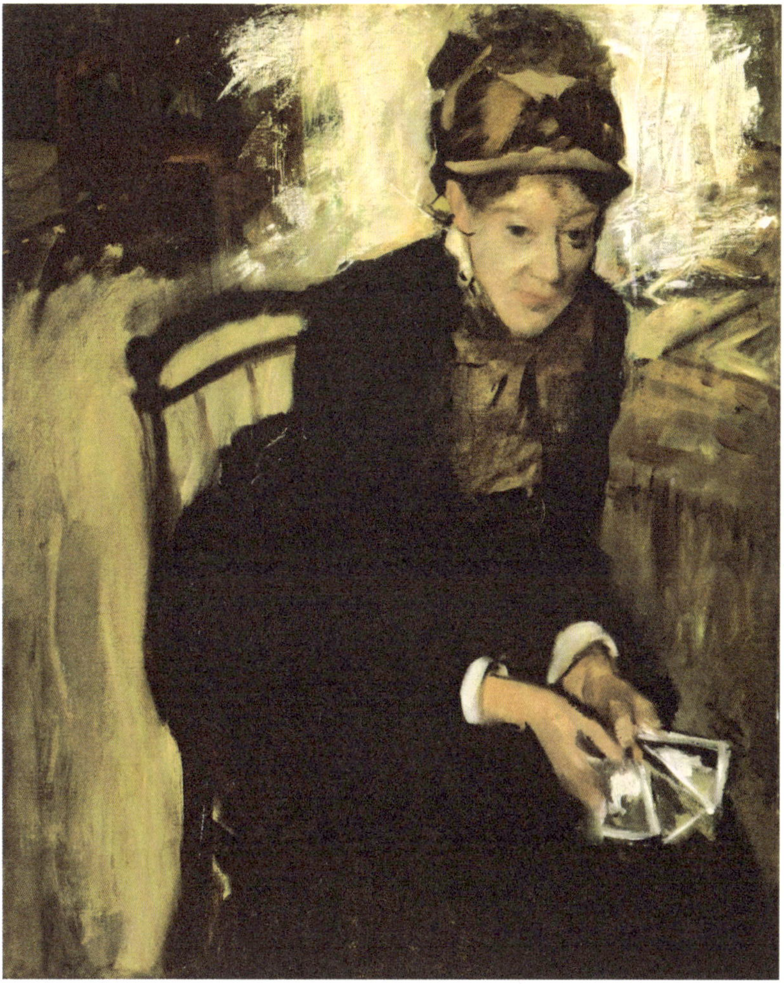

DEGAS 德加之谜

Puzzles

芭蕾与同情

德加最著名的芭蕾舞主题他大概画了一二十年，
德加的笔下，芭蕾不再只是一种表演，
他逐渐观察到围绕芭蕾的活动形成的特殊城市风景。
一名女性陪伴舞者，坐在教室外的板凳上，
你能从舞者的动作看见什么吗？
另一幅《芭蕾排演》，
除了排练老师、总监、乐团指挥认真介入，
你能看出画面上舞者按摩肩头、伸懒腰、系鞋带的动作吗？
德加想要说什么？

015

DEGAS 德加之谜

Puzzles

私密裸体

在女性裸体画系列里，德加开创了不同于欧洲传统美学的身体符号。

大胆、粗野、鄙俗、真实到令人瞠目结舌的女性裸体，

画的是在完全个人私密空间里的动作，

让习惯享受女性裸体艺术唯美画面的群众大吃一惊。

出身于高贵的贵族富商世家，终身不娶，孤独的德加，对人充满了洁癖。

是什么原因，

让德加如此深沉地凝视着这些女性肉体，

不断观察、不断速写、不断记录？

他如何寻找到这样的题材？

如何说服对方让他看这样的动作？

他是在思考：女性裸体一定"唯美"吗？

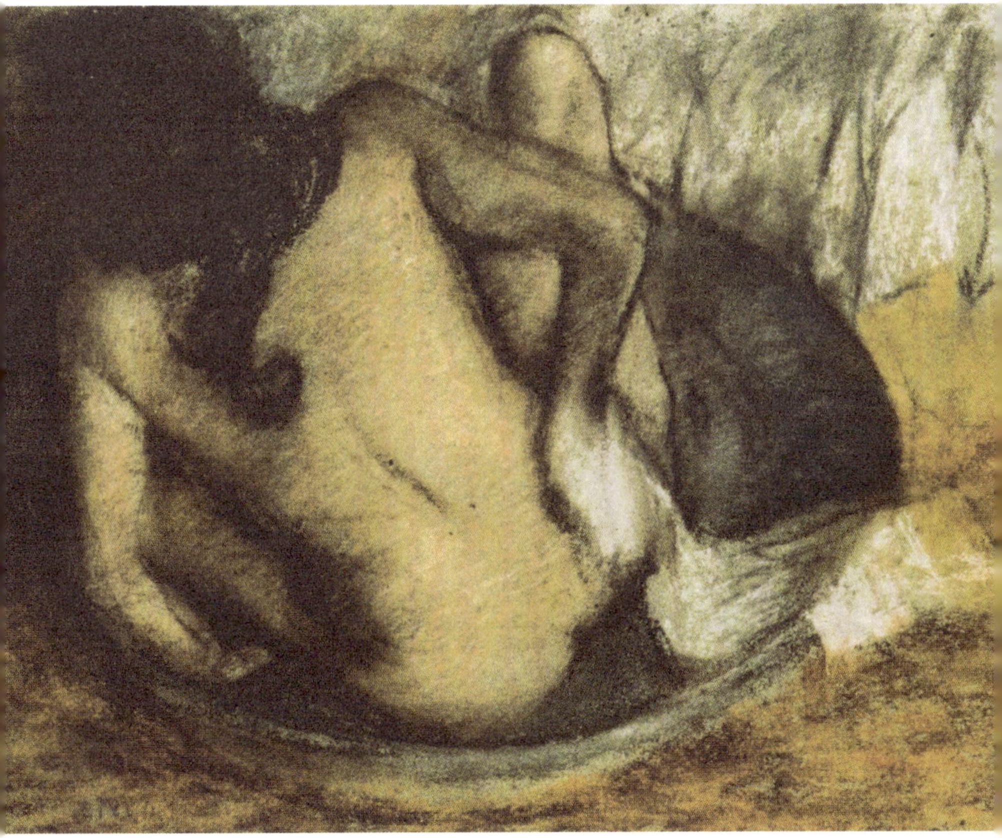

PART 2

第二部分

Scenes . . .

蒋勋现场

《妹妹与莫比里公爵》

　　这件现藏于美国波士顿美术博物馆的肖像画，无疑是他前期作品中的杰作。画中主要人物是他妹妹，德加正面凝视贵族血缘家族自己这一代的人物，不再是为家族肖像寻根，不再是回忆。年轻，新婚不久，妹妹脸上为何如此的惊愕、茫然？德加捕捉着那幽微不可解的表情，不再是家族回忆，是如此真实的眼前的现实。

　　我曾经在这张画前凝视许久，还是不解，他钟爱的妹妹，为什么在画里如此惊愕、如此茫然。那特殊的表情，令人看过后，难以忘记。

　　这张画大约创作于一八六五年，妹妹新婚不久，怀了孩子，流产了，和丈夫回到巴黎探亲。

　　画里年轻一代那不勒斯的公爵艾蒙多（Edmondo Morbilli），冷漠、自信，与妻子丰富的情绪流露如此不同。

　　德加画着妹妹，她穿着灰色长裙，贵气的灰色丝织品闪着淡淡银蓝的光。胸口的精致胸针饰品，手腕上闪亮的金饰，东方阿拉伯织锦的桌布，华丽，却没有温度，仿佛富贵里无法掩饰的荒寂。灰、蓝，

《妹妹与莫比里公爵》 1865

116.5 厘米 ×88.3 厘米，美国波士顿美术馆藏

如此优雅又忧愁的色彩，仿佛德加已经从外在的客观描绘，一步一步，进入了人物内在幽微的心事。我特别喜欢灰色衣服双肩和袖口的蕾丝，几笔如东方飞白的墨黑，像扫过的阴影，像鬼魅的符咒，不现实，却抹不去。

《青年斯巴达》

德加的创作在连接古典与现代上是非常值得注意的。有一件他更早期的作品《青年斯巴达》(*Young Spartans*),创作于一八六〇年前后。那时德加还没有认识马奈,他的创作方向也还没有脱离古典历史主义的传统,就像这张画的标题《青年斯巴达》,故事放在大约公元前七世纪。

当时莱克格斯(Lycurgus)制定斯巴达律法,建立城邦严格的军事体能训练教育。在竞技中,甚至要求女性公民挑战男性公民,激发斗志。这一段古希腊的故事记录在普鲁塔克(Plutarch)的历史作品中,德加读到了,仿佛被触动了什么,构思创作了一张约100厘米 × 150厘米的作品。

标题虽然如此古典,但是画面其实非常现代。有时代符号的衣着人物都退远在背景最底端,不容易看清楚。前景的部分,几位少年,因为是裸体,德加又用很现代的笔法处理,五名少男和四名少女,都像现代人。除了少女下身的围布用色块表现,其他身体的赤裸,完全不沾带任何时间的意义。

德加巧妙地在一张标题古典的作品中，偷渡了现代美学的内涵，赤裸、青春、运动，挑衅般地对立，仿佛要激发生命内在最底层的潜能。青春、体能，已经不是古代斯巴达专属的主题，青春、赤裸、体能、竞争，成为现代人性的共相。德加似乎要在当代重塑斯巴达精神，让作品在古典的标题下，传递与再造现代世界的精神。

这张画虽然没有完成，可是一直留在德加身边，直到他去世。可见他对这件作品的钟爱。

好几次在伦敦凝视这件作品，都觉得是德加一生作品中杰作中的杰作。我感觉到后来他在骑士、马的主题，甚至在芭蕾舞系列、浴女系列中寻找的身体肌肉的律动，不管是人，或是动物，肌肉极限的收与放，都如此让他着迷。肌肉的动与静，身体的跳跃、平衡、奔驰、伸展、迸放，这些赤裸的身体，初发育的少男与少女的身体，这么青春，有这么多渴望，有这么多梦想，好像是在挑战对方，或许更是在测探自己的内在潜能。

一位少女的身体，伸手、向前倾，仿佛挑战对方；一位少男的身体，向上伸展拉长双手，像是备战，像是蓄势待发。德加关心肌肉骨骼以外更内在的生命爆发力。在骑士身上，在马身上，在芭蕾舞少女身上，在沐浴后的女性裸体身上，他都在找寻同样的东西，所有这种对身体律动的关心，似乎最早在一八六〇年的这件《青年斯巴达》作品里，已可以窥见后来发展的端倪。

《青年斯巴达》1860

109.2 厘米 ×154.3 厘米,英国伦敦国家美术馆藏

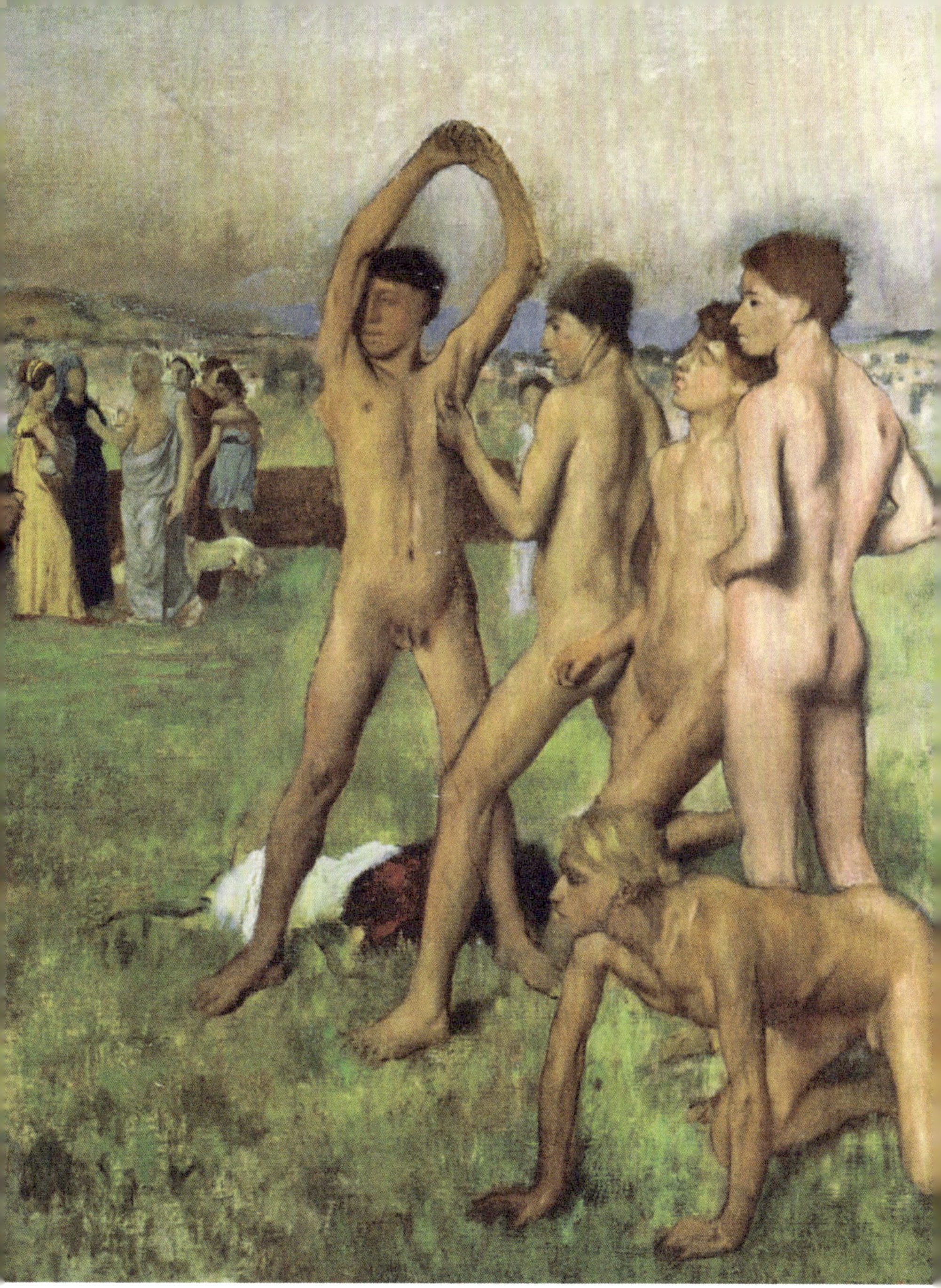

德加 / 卡萨特

二〇一四年华盛顿的德加／卡萨特大展，卡萨特的画作《蓝色扶手椅中的小女孩》被当成重点展出。评论家也特别指出，这件作品当时是在德加的指导下完成的，并同时展出了卡萨特的信件，说明画中的小女孩是德加朋友的女儿，是他介绍给卡萨特做模特儿的。策展单位不只对比了这件作品中墙脚暗影色块的处理与德加其他作品的类似性，还动用现代科技的红光透视技术，在画面中找出了德加习惯用的某些笔触。

展览中做了一些两人的画作比对，例如，德加喜爱以东方扇面作画，这些扇面画作，有时也会出现在卡萨特的人物画中，成为背景。

卡萨特《蓝色扶手椅中的小女孩》1878
美国华盛顿国家美术馆藏

卡萨特画中的扇面　1879—1880
美国巴尔的摩艺术博物馆藏

德加的扇面画作　1879

19.1 厘米 ×57.8 厘米，美国纽约大都会艺术博物馆藏

德加《剧院中》1871
66 厘米 ×54.3 厘米，美国纽约大都会艺术博物馆藏

卡萨特《剧院中》1878
美国波士顿美术博物馆藏

《夫人庆生》

二〇一二年春天,我在巴黎奥赛美术馆看德加的"裸女系列"(Degas and the Nude)展览。

现场展出了一件收藏于毕加索美术馆的德加作品《夫人庆生》,它曾经是法国大文豪莫泊桑小说《泰利埃公馆》(La Maison Tellier)出版时的插图。

莫泊桑经常出入妓院,也以妓院为题材创作了非常杰出的作品。《泰利埃公馆》描写巴黎妓院,描写一群妓女被老鸨带到乡下出游,在旷野大自然中得到身体震撼,回到巴黎,她们还是要在妓院求生活,用肉体满足嫖客。

莫泊桑创作这些妓院小说时,大约也正是德加用绘画表现妓女的时候。德加熟悉莫泊桑的小说,也熟悉莫泊桑描述的巴黎妓院,他们一个用文字,一个用图像,提出了社会长期在道德压抑下不敢面对的议题,都使欧洲的文化突破保守传统,再往前走了一步。

莫泊桑的小说在一八八〇年出版,后来画商安布鲁瓦兹·澳拉尔

《夫人庆生》1876—1877

26.6 厘米 ×29.6 厘米，私人收藏

（Ambroise Vollard）把德加的版画配合莫泊桑的小说在一九三三年出版，也使这一套德加女性裸体的作品被大众广泛认识。

毕加索显然很喜欢德加这一系列作品，也深受影响，很早就收藏了几幅。

《夫人庆生》描绘的是妓院里老鸨过生日的场景。画面里一群赤裸的妓女，脱得一丝不挂，只有脚上穿着或蓝色，或红色，或条纹状的长袜。大约六七名妓女，围绕着一位像是妓院老鸨的女人，有人手上拿着要献给她的花束，有人靠近，亲吻她的脸庞。

这件作品里赤裸的女性身体，已经不是学院美术里来自模特儿唯美的身体，不是提供给画家做素描的身体，不是摆出来的姿态，一般观众可能不习惯，但是这样的女性身体如此真实，如此不造作，没有一点虚伪作态，没有一点修饰，或许这才是女性身体在生活里的真实面貌。

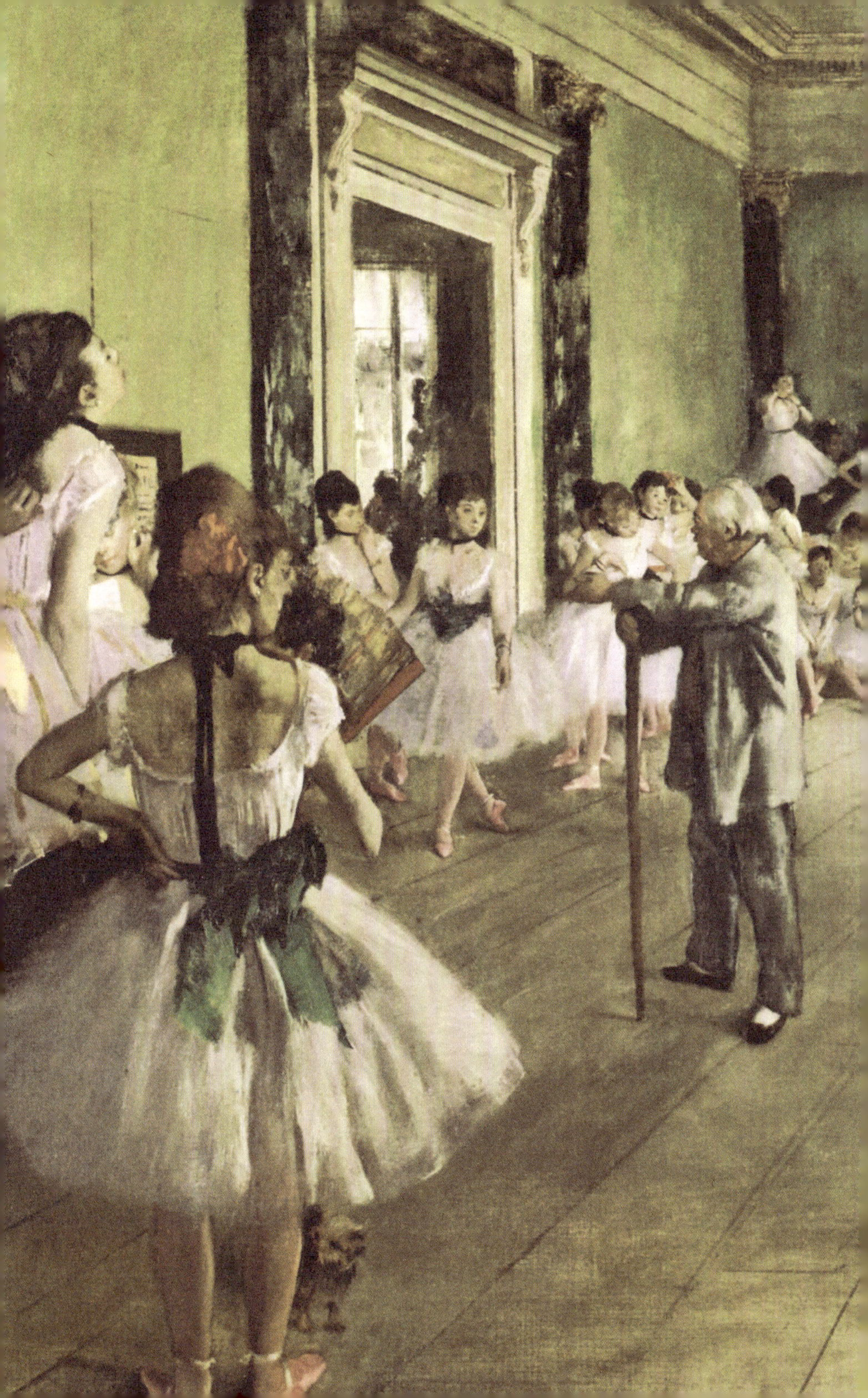

036

《河边》1890
私人收藏

《绿色风景》1890
美国纽约现代美术馆藏

PART 3

第三部分

DEGAS . . .

德加

德加

一直很想谈一谈德加。在"蒋勋谈艺术家"系列图书里，谈过文艺复兴的达·芬奇、米开朗基罗，谈过印象派的莫奈，后期印象派的梵高。大多是把个别画家放进一个时代或流派里讨论。为方便起见，创作者当然可以做时代分类、派别分类，但也必须注意到：每一个创作者，应该作为独立的个体来看待，个性特别强的创作者，也常常有不容易分类的特质。例如德加，在艺术史上，刚好就是一个流派分类上的难题。

一般的画派归类，都会理所当然地把德加放在印象派。然而，有趣的是，德加始终不承认自己是印象派。即使是为了厘清个人与画派归类的问题，让喜爱美术的读者注意到黑白分明的流派标签并不一定适合每一位创作者，也应该谈一谈德加了。

许多艺术创作者，只忠实于自己内在的感觉，并不随意趋附于一个画派，当然更不会随波逐流，为某种流派的教条服务。

艺术创作里的孤独性，艺术创作里保有的纯粹自我，都异常珍贵。在人云亦云的一窝蜂潮流里，德加始终保持他的孤独，甚至与原来流派里的同伴意见相反，绝不随便妥协。这种个人品格上的孤独，这种美学坚持上的孤独，都异常难能可贵。中国不是一个容易保有个人孤独的环境，向读者介绍这位特立独行的创作者德加，或许不只是希望跟大众一起思考他的艺术，其实更是希望我们在繁华热闹之余，可以沉静下来，认识一个生命如此孤寂的意义。

艺术史的不同时期，分不同流派，有助于了解一个创作者和他的时代环境的背景关系。但是，我们的矛盾是：一旦有了流派的归类，很容易就替一个创作者贴上了固定的标签，例如，莫奈常被称为印象派的命名者，的确，因为莫奈一八七四年展出的一张画作《日出印象》，产生了历史上重要的一个绘画流派——印象派，把莫奈和印象派连接在一起，是一种简便的归类方式。

有许多画家可以归类于印象派。一八七四年前后，也的确有一群年轻创作者，对抗当时的学院美术，对抗官方的主流绘画评审制度，试图为新来临的工业革命、城市文明找到全新的美学价值。

印象派的主流画家，莫奈生于一八四〇年，雷诺阿生于一八四一年，西斯莱生于一八三九年，莫里索生于一八四一年，塞尚生于一八三九年。这一群出生于一八四〇年前后的创作者，在一八七四年前后，三十几岁，正当盛年，他们坐着工业革命带来的最初的交通工具——火车，走向海滨，走向户外，沿着塞纳河寻找大自然里跳跃、明亮的光，寻找自然光线里瞬息万变的色彩。他们宣告了一个新时代的来临，机械、工业、商业贸易，快速改变了传统的生活方式，城市人口暴增，城市从传统市镇转变为大都会。像巴黎，一八五〇年前后经过全新的改变，人们的衣食住行都发生了天翻地覆的变化，全新的建筑、交通、社交、时尚、娱乐，取代了原有单调而沉重的手工业市镇和简陋的农村生活。

米勒画《拾穗者》《晚祷》是在十九世纪六十年代。歌颂农村、歌颂劳动、歌颂土地的《拾穗者》《晚祷》，是对传统农业信仰最后的致敬。但是，无论如何庄严，无论如何留恋，传统农业劳动已经是最后的一瞥了。《晚祷》的夕阳余晖终将褪淡消逝，教堂晚钟飘散。二十年后，大地上亮起来的就是印象派的日出，它以全新的璀璨曙光向世界昭告新美学的来临。

莫奈是吹响印象派号角的号手，一群年龄相近、志趣相投的创作者，聚集在一起，要为自己的时代发声高歌了。

一八七四年印象派的团体，为了对抗强大的学院保守主流，也刻意强调一种新美术的创作姿态，如：不用黑色，在自然光里观察色彩——凡是美术运动，大抵都会有宣言，有宗旨，有共同创作的理念或目标。为了团结对抗保守派，宣言也容易变成不容置疑的教条。

因此印象派成立了，印象派也成了一种标签。

凡是和莫奈等人理念相近的创作者都被贴上印象派的标签，凡是参加了一八七四年的第一次印象派大展的画家，也都被贴上了印象派的标签。

于是，德加被贴上了印象派画家的标签，因为他参加了一八七四年的印象派的第一次大展，因为他与印象派往来密切，也与印象派许多画家的创作理念近似。

但是，德加一生，极力否认自己是印象派。他不愿意被贴上标签，他害怕被贴上标签，他一定常常想：一个好的创作者，会轻易被别人贴上标签吗？如果不得已要被贴上标签，德加宁可选择较为平实的写实主义，他说："我是写实主义。"

在艺术史的归类、分期之外，也许德加提醒我们，永远要回到创作的原点，创作的原点永远是人，是创作者自己。好的创作者，不可能轻易被归类，也不会轻易被归类。

所以，对德加的讨论应该从"不是印象派的印象派"开始吧。

不是印象派的印象派

因为参加过一八七四年第一次印象派的展览，德加一直被贴上印象派画家的标签，也使他一生都在努力否认自己是印象派。

究竟如何看待德加与印象派的关系？先谈一谈他们年龄的差距。

莫奈、雷诺阿、西斯莱等一般认为最典型的印象派画家，大约都生在一八四〇年，年龄相差不过一两岁，莫奈是一八四〇年，雷诺阿是一八四一年。印象派运动发生时，他们大多刚过三十岁。德加在印象派画家中显然年纪比较大，他生在一八三四年，一八七四年第一次印象派大展，他刚好过了四十岁。

对莫奈、雷诺阿而言，他们几乎是和巴黎的工业化、商业化一起成长的一代。他们全心拥抱新来临的巴黎城市文明。然而德加不同，德加也抨击当时国家官方美术的保守，反对学院艺术僵化不面对现实的态度。他热情支持、投入年轻一代对抗主流美术霸道的垄断。但是，他对传统学院美术优秀的技法、深广的人文涵养、沉潜内敛的美学品质，都下过长时间的很深的功夫，他也深知传统的可贵。十九世纪五十年代以前，德加所受的训练，几乎都是文艺复兴以来欧洲学院古典传统的基本功。他早期的自画像，他早期的几件人物肖像，传统的训练一丝不苟。这些扎实的传统训练，使德加在四十岁看到年轻一代狂热的反学院运动时，自己能有一个持平而不偏激的态度：一方面鼓励、赞成，甚至亲身参与年轻人的新美术运动；另一方面，他也保留了自己作为一个好的创作者的独立思考的能力，不会一窝蜂趋附于运动的宣言，失去自己创作上的独特性。

要分辨德加与当时印象派的不同，从作品上来看，其实是很容易发现的。

第一，印象派自称"外光画派"，认为必须在户外自然光下创作，捕捉瞬息万变的光与色彩。但是，德加长时间关注剧场中的光线，芭蕾舞教室、马戏团、歌剧院、小酒馆，这些城市新兴的休闲娱乐场所，光线是人工设计的照明，尤其是舞台的灯光。为了创造戏剧性效果，灯光的照明和自然光的状态刚好相反，但也充满视觉魅力。

德加长时间坐在剧院中，从排演到正式演出，他快速捕捉剧院里光的明暗变化。戏剧性、夸张的光的明灭，光在表演者身上的闪耀与消失，光在一个人体上产生的雕塑性，包括观众视觉在舞台光里产生的特殊记忆，德加一一观察到了，一一记录了下来，一一成为他作品里迷人的闪烁，像宝石一样的光。尤其在他的粉彩画中，光与色彩交融如缤纷的彩蝶羽翼，那种细腻的舞台光的观察，绝不逊色于一般印象派画家笔下的自然光。印象派如果给自己贴了标签，只局限在观察自然光，只局限在户外光的色彩追求，这个画派就不会产生像德加这样丰富而细腻的剧场光线的观察者。

剧场舞蹈的作品，占德加一生作品一半以上，这些非户外光、非自然光的观察成就，与印象派的运动无关，德加自然应该拒绝被贴上印象派的标签。

第二，印象派强调自然光的光谱里不存在黑色，因此不赞成使用黑色。但是德加承袭古典传统，作品中大量使用黑色，黑色的层次如此丰富，黑色与光的互动如此迷离，德加不会因为教条，就蒙蔽了自己视觉上的观察，他的作品里大量使用黑，这也使他与一般印象派画家有了基本美学上的差异。

自画像

我们可以先从德加的早期自画像开始，熟悉他最初的美学基础训练。从这些早期自画像，可以清楚地看到一个初学者对自己的期许。那个年代，城市新兴工商业才刚刚萌芽，德加向往文艺复兴的古典主义，临摹了很多前代大师名作，也期许自己做一名历史画家。

一八五五年，德加二十一岁，在镜子里凝视自己，画了一张自画像，这幅自画像里，明显能看到他古典绘画的扎实训练。深黑褐色背景，人像四分之三侧面，凝视画外的眼神、双手摆置的方式、手肘与桌面的关系、背景的氛围，都使人想到文艺复兴时代的古典大师，想到拉斐尔，想到提香，想到丢勒。显然，德加最初的训练是文艺复兴以来的古典传统。他忠实于物象的观察，试图在画面凝聚时间的永恒性，建立画面的庄严性与不朽价值。这种美学信仰，正好与印象派相反——印象派试图在自然里捕捉瞬间的、刹那的光，物象被光解体，自然光才是真正的主角。

文艺复兴建立的古典绘画传统，通常以黑色和黑褐色打底，逐渐堆叠出明暗亮度，这件肖像画里用了大量的黑色，使画面沉稳高贵，也以黑色衬托出人物脸部的明亮度。

二十一岁，德加青春、优雅、端庄，他出身于富贵的贵族银行金融世家，衣食无虞。他年轻、充满梦想的艺术追求里，没有落魄、潦倒，没有物质窘困的哀伤，然而，这幅自画像里，他的青春仍然仿佛凝视着不可解的孤寂。德加从极年轻开始，作品里就透露着孤独感，仿佛穿透了世间的眼前繁华，使他过早地看到了生命本质上的虚无与孤寂。

印象派的莫奈与雷诺阿，基本上都是明亮的、愉悦的，画面明度与彩度都高，也一贯是轻盈享乐的调性。

德加却是沉重的、古典的、庄严的，他的美学正好与印象派的轻盈相反。他仿佛希望看到生命更深处，不只是表层的繁华，而是透视

《自画像》1855
81 厘米 ×64.5 厘米，法国巴黎奥赛美术馆藏

到更内在的心灵上的荒凉。这些特殊的美学品质，使他是印象派，又不同于印象派。

破解德加之美，必须首先拿掉太容易表面化、概念化的标签。

另一张自画像创作于同一年，现藏于纽约大都会艺术博物馆，没有前一件自画像那么正式。穿着比较随意的画家休闲或工作时的衣装，松开领口，然而仍然可以看到年轻的德加脸上流露的特别早熟而沉重的表情，高而宽坦明亮的额头，带着深沉思考的冷静眼神，带着透视物质内在的清明灵性的眼神，仿佛带着洞穿繁华虚幻假象的能力，使如此焕发青春气息的自画像里笼罩着不可解的悲悯与忧愁。

德加在自画像里摸索着自我，生命何去何从，他仿佛有许多询问，许多质疑。

他从自画像开始，一步一步进入家族历史的肖像——逃亡意大利的贵族祖父、金融巨子的父亲、来自美国新奥尔良殖民后代的母亲、嫁给那不勒斯伯爵的姑姑、嫁给公爵的妹妹、经营棉花产业的南美混血舅舅——如此复杂的家世，德加开始画起家族肖像，一点一点，摸索起自己贵族身世盘根错节的家族血缘。

如他自己所言，他的确是一位"写实主义者"，他的自画像和家族肖像构成他早期作品的美学基础，他当时说想做一名"历史画家"。他关心历史，关心家族血缘和文化的传承，关心传统在个人身上积淀的力量，这些，都使他与一般的印象派画家有了基本的区隔。

德加在几幅自画像里都有深沉的眼神描绘，凝视那些眼神，仿佛可以透视到画家的内心世界，冷静、不煽动情绪，长时间的凝视，可

《自画像》 1855—1856

40.6 厘米 ×34.3 厘米，美国纽约大都会艺术博物馆藏

以透过凝视，把外在的"看"转成内在的"沉思"。

德加的传统训练使他不同于当时印象派的"看"。印象派要看的是表象的浮华，德加却要不断地向内透视，他无法满足外在表象的"看"。他的"看"，更多是内向的自我透视与探索。因此，他也是那一时代少有的。孤独者对生命有深层思考，他的创作，除了美术，或许有更多哲学沉思的意义吧。

他的自画像，他的家族画像，都透露了他血缘中贵族的本质——贵气、优雅、自信，却也带着从高不可攀的角度俯瞰人世繁华的一些落寞、感伤与寂寞。

既是贵族，又潜藏着叛逆、颠覆自己贵族身份的强烈意识，德加因此形成了自己独特的美学气质。

德加家族画像

许多人把德加归类为印象派画家,但他一直否认自己是印象派。

他一生在孤独中创作,既参加印象派活动,又否认自己是印象派。他让喜欢归类的评论家头痛不已,但他始终就是他自己,不愿意在自己身上贴团体派别的标签。

德加早期的绘画作品(一八五五年至一八七〇年)极重要的主题,几乎全部围绕着自己和自己家族成员的肖像。

二十岁上下这一段时间,他放弃了家人希望他念的法律,进入巴黎艺术学院学画,跟安格尔的弟子学画,也受到新古典大师安格尔亲自指点。

从最基本的素描训练开始,德加认识到学院美术继承的欧洲优秀的人文传统,认识到素描作为绘画观察的基础的重要性,这些训练都对他一生产生了重大的影响。

因此,即使到了十九世纪七十年代以后,他背离传统,参加印象派反官方美展、反学院派的运动,但是,终其一生,德加仍在创作上

《弟弟的画像》1856—1857

64.5 厘米 ×46.2 厘米，美国华盛顿国家美术馆藏

保持着清醒、独立思考、创新却又不完全否定传统的态度。这些不愿意轻易服膺团体教条的态度，都使他和印象派的主要成员，像莫奈或雷诺阿，保持着若即若离的关系，甚至从理念相同、相近的盟友，最后转变成绝交的关系。

许多人认为德加个性孤僻自负，难以与人相处，但是，他内在的孤独感，他内在复杂的身世背景，或许并没有太多人能够理解。

出身贵族世家，德加看尽了繁华，最终，他背叛了自己的贵族血缘，凝视繁华如过眼云烟，无比孤寂。

德加的自画像和家族肖像画，是他青年时期探索自我的一系列重要功课，也是一般人进入他内心世界的重要途径。

印象派的莫奈与雷诺阿，歌颂新城市工业文明，乘坐火车，走向云淡风轻的大自然，阳光亮丽，画面因此都是明亮的，愉悦的。画面明度与彩度很高，一贯的轻盈享乐的调性，像小步舞曲，温暖而可爱，最受大众喜爱，也适合作为中产阶级的家庭装饰，没有太严肃沉重的情绪。

德加和印象派不同，他常常是沉重的、古典的、庄严的，追求着永恒的信仰。因此，德加的美学，正好与印象派的"轻盈"相反。他仿佛总是希望看到生命的更深处，穿透物象表层的繁华闪烁，透视到物质更内在、更本质上的荒芜，也正是他特殊的心灵上存在的荒凉之感，使他轻盈不起来吧！这些特殊的美学品质，使他既像是印象派，又在本质上不同于印象派。因此，要破解德加，必须首先拿掉太容易表面化、概念化印象派的标签，回到他的作品来做探讨。

德加的家族寻根

德加的家族画像中,最值得注意的一幅,是他画的祖父像。

德加的祖父希烈·德·加斯(Hilaire de Gas),姓氏德·加斯,保留着欧洲贵族封地或封爵的传统。

德加原来的全名 Edgar Hilaire Germain de Gas,继承了祖父 Hilaire 的名字,但他后来把贵族封号姓氏的 De Gas,改变为一般平民姓氏的 Degas。去除自己姓名里贵族头衔的显赫、炫耀与张扬,德加必然是有意要拿掉自己身上的贵族标志。告别自己家世里贵族的荣耀辉煌记忆,是否意味着他想要用更庶民百姓的肉眼平等观看人间?

一八五七年,德加二十三岁,他的祖父应该已经过八十高龄。德加凝视着祖父,仿佛为自己身上的贵族基因寻根,他这时从法律改习绘画,希望做一个历史画家,他说的历史,或许首先就是自己家族的故事吧。

德加的祖父大约生于十八世纪六十年代末,二十岁出头的时候,刚好遇到一七八九年法国大革命,贵族都被送上了断头台,希烈只有选择逃亡一途。祖父希烈在一七九〇年逃亡意大利,娶了托斯卡纳的女子费帕(Giovanna Aurora Feppa)为妻。德加的家族基因里多了意大利人的血统,法兰西与意大利的混合,构成他父系家族的传统。

虽然流亡异国,祖父希烈仍然维持着贵族的生活,他有七名子女,大多在他的安排下与贵族联姻,长女罗斯(Rose)嫁给莫比里(Giuseppe Morbilli)公爵,另外一个女儿劳拉(Clotilde Laura)嫁给那不勒斯的贝列里（Bellelli）伯爵。

这样的贵族联姻一直延续到德加的姊妹一代，使这个家族一度在意大利南部的那不勒斯拥有城堡宫殿式的豪华庄园。

德加从小是在这样贵族的记忆里长大的，这些或荣耀辉煌，或颓靡败落的记忆，交错着，使他骄傲自负，或许也使他孤寂颓废。

整个十九世纪，法国经历着帝制与共和政体的交替斗争，莫奈、雷诺阿都是巴黎以外偏远小镇低卑贫穷家庭出身的画家，他们在政治意识上自然都选择认同共和，攻击贵族财富权力的垄断，鄙夷贵族的虚伪保守，因此倾全力摧毁旧有的美学体制。然而，德加身体里潜藏着贵族的基因，即使他刻意想要去除，却无论如何也无法去除干净。从美学上来看，德加早期的家族画像，正是他流露贵族身份与气质最好的证明。

现藏于巴黎奥赛美术馆的《祖父的画像》中，一位老年的绅士坐在沙发上，右手有力地握着手杖，左手臂优雅倚靠在沙发扶手上。

德加的祖父肖像，不只在刻画外在形式容貌，更直接透视人的内在世界——自负、孤独、老谋深算，充满机智与人文教养。德加凝视着祖父，也凝视着一个时代里没落贵族身上维持的姿态，凝视着他们表情里的自负与矜持。

德加比起同时代的印象派画家是如此不同，他的贵族基因使他深知传统的优雅。他同时眷恋着那细致的美，他又深知那些美如夕阳余晖，在新时代来临时，将如何被新兴起来的阶级抛弃、批判、践踏。

他细细描绘着祖父，自信、庄严、权威，祖父手杖上的金饰镶

《祖父的画像》1857

53 厘米×41 厘米，法国巴黎奥赛美术馆藏

头,白色马甲上的织纹,丝绒外衣轻柔的质感,沙发上的条纹织锦,背景壁纸上的图案,一切都如此精致讲究——德加的画,记录着一整个时代没落贵族的文明,繁华落尽,他仿佛来拾掇地上朵朵落花。

印象派的年轻画家——莫奈,从西北诺曼底来;雷诺阿,从南部利摩日来,他们欢呼歌颂新兴的工商业城市巴黎。然而德加是在卢森堡公园的豪宅里长大的,他看到的是一个老去的繁华里一丝一丝斜阳残余一寸的光线,光线逐渐暗去,但暗影中的人,仍坚持慢慢走远时步调的优雅。

德加自己去除了贵族封号的姓氏,他不要做贵族,他抨击保守派,仿佛是一名激进的印象派画家。但是,本质深处,他还是贵族,有贵族无与伦比的讲究与坚持。他可以放弃姓氏中的贵族封号,但他无法放弃美学上贵族的坚持,他爱美,眷恋美、美学的世界,德加还是彻头彻尾自负而骄矜的贵族。他后来陆续与印象派画家闹翻、绝交,他被同伴批评,被认为是孤僻不合群的人,不遵守团体纪律。或许,印象派太年轻、太庶民,他们其实很难理解内在有看不到的贵族洁癖的德加。

这张祖父像也许应该作为观察德加身世的起点,无论以后跑得多远,他始终没有离开自己家族的贵族记忆。德加的家族肖像画,恰恰好似文学上普鲁斯特的《追忆似水年华》,要用一点一点的织品、银饰、色彩与气味,重建一个逝去的时代。

德加祖父在意大利,特别是那不勒斯,建立了强大的贵族领域,像一个帝国,这在德加早期的画中被一一记录了下来。

《劳拉姑母与贝列里伯爵家族》

在德加早期作品中,另一件值得注意的家族肖像是现藏于奥赛美术馆的一幅《贝列里家族》(*Bellelli*)。

这张画是他一八五八年二十四岁在意大利学习古典绘画时的重要创作。很显然,德加尝试用文艺复兴欧洲绅士家族的传统绘画构图,来诠释自己的家族肖像。

画面中穿黑色长衣裙、姿态庄严的妇女,是德加的姑姑劳拉(Laura),她穿黑色丧服,正是为德加刚去世的祖父服丧。两名少女是德加的表妹,坐在椅子上的是他的姑父贝列里伯爵,西西里半岛的贵族,因为政治的因素,被迫流放,住在佛罗伦萨。

十九世纪,整个欧洲经历着皇室贵族传统权力结构的瓦解。旧时代的贵族,或者走向败落的命运,或者极力转型,接受新的思潮。

德加家族,以他的祖父而言,在整个大时代的转型过程中,其实是一个懂得变通,也懂得适应新时代的有智慧的绅士。他让几个女儿都与公爵、伯爵联姻,维持旧有家族的势力,但是像贝列里伯爵,显然因为赞同意大利统一触犯了西西里王国旧贵族的利益,遭到流放。

德加清楚这些家族故事,画这张画时,他正在佛罗伦萨学习文艺复兴的美术,刚被流放的姑父坐在椅子上,侧身看着妻子和两个女儿。遭受流放,失去政治势力,伯爵似乎有些茫然无助。然而画面的三个女性,恰好充满坚决、刚毅的姿态表情。

尤其是劳拉姑母,自信而有点过度严肃,张开双臂,像顽强的母鸡护卫着自己的女儿,也用坚定的眼神凝视着丈夫,仿佛在家庭遭受异变的时刻,要表现出她非凡的母性的强韧的生命力,也传达着对丈夫的期待和要求。

这件作品,每个人物分别做成素描,逐渐拼接,一直到一八六九年才完成全部构图。

印象派强调捕捉刹那间一闪即逝的光,早期的德加却凝视着永恒,壁炉上的镜子、东方螺钿贝壳的镶饰座钟摆设、书桌、沙发、墙壁上一件文艺复兴式的素描头像、地毯的花纹,德加试图在一笔一笔的细节里,重建自己的贵族回忆。

德加的家族肖像,不只像寻根一样,挖掘祖父一代的历史记忆——法国大革命、姑父的记忆、意大利的统一运动。个人的肖像背后,若隐若现整个时代扑朔迷离的光影,他仿佛也借着这些肖像创作,一再询问自己:我,与这个家族历史有何牵连?

父亲肖像

德加从祖父肖像开始,延伸到对父母一代的观察。

德加的父亲在几个姊妹都嫁给公爵、伯爵的状况下,自己却放弃与贵族联姻的机会,做了另一种选择。

德加的父亲在那不勒斯金融银行新兴的资产事业里闯出了一片天,从流亡的贵族后代,转型成新兴的资产大亨。在婚姻上,德加的

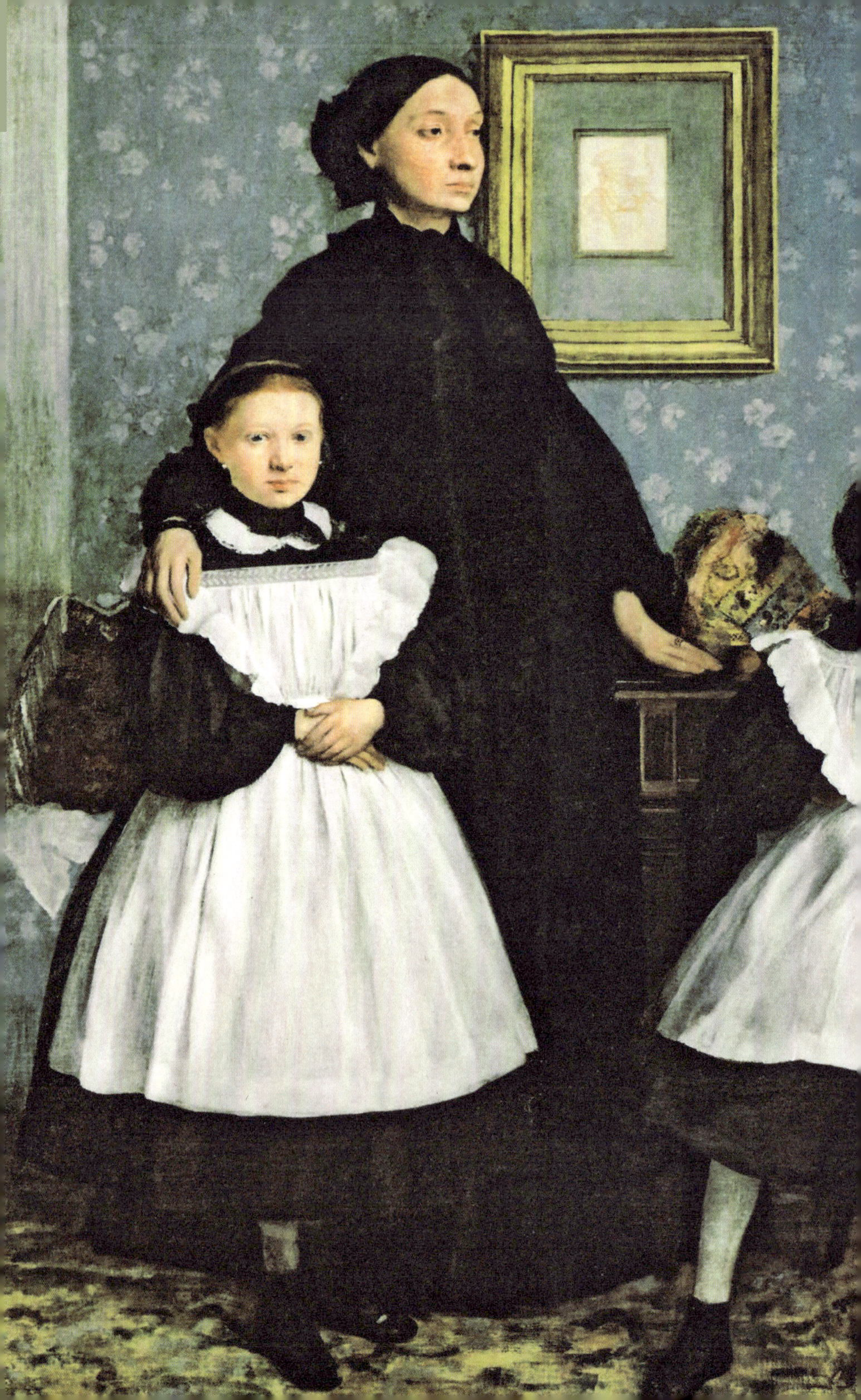

《劳拉姑母与贝列里伯爵家族》1858—1869
200厘米×250厘米,法国巴黎奥赛美术馆藏

父亲放弃贵族联姻，选择的是移民美国、在路易斯安那州新奥尔良拥有巨大棉花资产的家族殖民者的混血女儿。

他的父亲奥古斯特（Auguste），显然希望在希烈祖父旧贵族维护权力的旧思维里，走出一条新的道路。

现藏于波士顿美术博物馆的《父亲》，画里的父亲不再像祖父那样矜持高贵，他像耽溺在爵士小酒馆里聆听庶民歌声、有点颓废的绅士。德加改变了贵族的主角地位，他让庶民的西班牙歌手洛伦佐（Lorenzo Pagans）弹着吉他，在画面前方，一方白色的乐谱，远远衬托出父亲有点醉意有点落寞的脸。

西班牙歌手是父亲家宴时请来的表演者。然而，有趣的是，主人不再是主角，歌手变成了主角。

德加的《父亲聆听吉他》现藏于奥赛美术馆，构图类似，但明显把吉他弹奏者转成正面，占据画面更重要的位置。贵族出身，后来成为银行大亨的父亲，同样有醉意，有落寞寂寥的孤独感，若有所思，但已退到画面后方，成为背景。

比较这两张画的构图是非常有意思的，仿佛德加一步一步逐渐褪淡自己的家族肖像的重要性，淡化贵族出身的荣耀庄严意义。贵族不再是社会主流，德加把焦点对准市井小民的城市生活画面，突出城市生活，这种转移，使他亲近了当时前卫新锐的印象派，摆脱自己出身骄矜的贵族气息，用绘画参与自己的时代，与印象派共同面对新兴城市百姓庶民的生活。

德加一张一张画着家族肖像，这些肖像，不只是美术，对他而言,是这么真实的家族故事。他细细描绘贵族的祖父、银行家的父亲,细细剖析父系家族的姑姑、姑父——没落贵族复杂而盘根错节的关系。他也细细剖析母系家族移民到新世界之后,开创全新产业的工商业巨子的另一种生命模式,棉花期货市场、投资、股票炒作,此后都陆续出现在德加的画中。

十九世纪,从社会历史转型的角度而言,大概没有一个画家的作品,像德加一样,呈现了如此丰富宽广的时代视野。

德加凝视着自己家族的繁华,很像《红楼梦》的作者,凝视着富贵好几代的江宁织造,那是皇室御用贵族的世家繁华,也是东方纺织产业与外洋通商的繁华,这些都记录着时代转型的历史痕迹。

德加和所有的印象派画家都不一样,因为父系的家族历史让他看到贵族,母系的家族故事却让他看到新兴资本家的生命力,两种力量牵制拉扯,形成他特有的美学张力。

德加家族的画像,没有停止在父祖辈,父祖辈的肖像像是追忆似水年华,然而他的家族故事一直延续到同一辈的姊妹身上。

德加最钟爱的一位妹妹泰蕾丝(Therese),一八六三年嫁给了与姑母同一公爵家族的表哥艾蒙多·莫比里。德加家族的故事愈来愈像《红楼梦》,家族在近亲间维持贵族联姻,权力、爵位、封号、庄园、财富,错综复杂,像一个解不开的魔咒。

家族近亲联姻,德加在肖像的描绘里,注入愈来愈多对人物内在情绪与命运的观察。

德加借着家族肖像,想要说一个时代的繁华,一个时代繁华背后

《父亲》1869—1872

82 厘米 ×65 厘米，美国波士顿美术博物馆藏

《父亲聆听吉他》1871—1872

54.5 厘米 ×40 厘米，法国巴黎奥赛美术馆藏

《芬妮姑姑和她的女儿》1876
66厘米×98厘米，美国波士顿美术博物馆藏

令人心痛的孤寂与荒凉。

德加是在幽深、华丽、颓靡又庄严的贵族世界里长大的，他嗅闻得到贵族身上的自信优雅，也嗅闻得到贵族身上在大变迁来临时的腐败与惊恐。

德加的家族寻根肖像，最后一件延续到一八七六年，他完成了芬妮姑姑（Stephania）和她两个女儿的画像。芬妮姑姑是蒙特加希公爵夫人（Fanny de Gas, Duchess of Montejasi），画中的女儿以后也还是和贵族的后裔联姻。

不知道为什么，德加的家族肖像里，总是画着这么多穿着黑色丧服的贵族女性，这么多不快乐的深沉的人物面容。黑，如此沉暗、庄严，也如此高贵，这是印象派画家最不喜欢用的色彩，却仿佛一直是德加美学的基础调性。

随着家族肖像的工作完成，德加开始从城堡宫殿既华丽又阴暗的光里走出来。他认识了印象派之父马奈，马奈的时代性、马奈的批判性，都让原来一味优雅的德加震惊，他也要颠覆自己身上的贵族遗留了。

德加与马奈

德加从一八五六年开始,一直到一八五九年都在意大利学习文艺复兴时期的古典学院美术,也借着一系列自画像和家族肖像,摸索传统美术技巧,同时思考自己家族的贵族血缘。

一八五九年回到巴黎,德加二十五岁,在卢浮宫临摹古典名作。这一段时间,他对物件的细密观察、他对形象具体的光影掌握,都已经极为成熟。大约在一八六一年年末,他遇到了马奈。马奈赞美德加有敏锐的观察力,两位艺术家因此有了一段时间亲密的交往。年龄相近,家世背景相近,许多思维自然容易沟通,彼此切磋,建立了很好的友谊。

马奈生于一八三二年,只比德加年长两岁。他们和一八四〇年前后出生的印象派画家如莫奈、雷诺阿,年龄差距反而较大,以年龄而论,马奈和德加,更像是属于同一个时代的同伴。

德加出身于贵族、大企业银行金融巨子世家,马奈的身世也是典型的布尔乔亚阶级,家族成员多出任政府高官、外交大使。两个人都有极深厚的人文教育背景，都在巴黎的中产阶级家庭长大，与莫奈、雷诺阿来自外省的小市民阶层背景不同。因为这些元素，德加与马奈在十九世纪六十年代的相遇、相知，必然造就了两个艺术创作者彼此间的互动，两人都从对方身上受到很深的影响。

德加遇见马奈的十九世纪六十年代，正是马奈的美学观点受到社会议论最多的时候。一八六三年前后，因为《草地上的午餐》和《奥林匹亚》这两件作品，马奈几乎成为当时社会新闻丑闻事件的中心。在整个巴黎，他不只是在美术界引起了美学观点上巨大的冲击，也成为卫道者与开明人士间辩论的焦点。

马奈常被称为"印象派之父"，但是他早期的作品，和德加一样，绘画技巧和观念都还承袭欧洲学院传统。德加早期画作直接受欧洲文艺复兴诸大师的启蒙，马奈也从类似西班牙十七世纪的巴洛克古典绘画，像委拉斯开兹（Velázquez），得到甚多启发。

马奈之所以被称为"印象派之父"，其实不是他的绘画技法影响到莫奈和雷诺阿，主要是因为一八六三年轰动的丑闻事件。马奈在画里用大胆的裸体女性身体，颠覆了世俗虚伪的美学习惯。

欧洲艺术，无论绘画还是雕塑，裸体女性司空见惯，为何独独马奈引起这样大的议论？

欧洲美术上的裸体传统来自希腊神话，维纳斯、阿波罗，都是天上神祇，自然就是裸体。因此，虽然欧洲传统艺术中有这么多裸体，但是都是神，所以不会受世俗议论。其实，创作者绘画维纳斯、阿波罗，都有现实中的模特儿，模特儿是人，是真实的人的身体被创作者

马奈《奥林匹亚》

马奈《草地上的午餐》

观察、记录，创作成作品。但一旦到作品中，这些现实中真实的肉体就被转化成神，贴上神的标签，不再为裸体的道德性负责。

马奈不满这种虚伪的假象，他在《奥林匹亚》这张裸女画中，有意在裸女颈部加上时尚的丝带颈饰，手腕上加上手镯，脚踝上加了当时流行的高跟拖鞋，更有趣的是，裸女身边有黑人女仆，女仆手捧花束。这样的画面，立刻让卫道人士警觉，画中裸女不是维纳斯，不是古代希腊神祇，是巴黎当时的高级交际花，一名卖淫的妓女，裸体横躺，旁边有女仆送来爱慕者的鲜花。上流社会的士绅不安了，因为画中的裸体揭露了一个时代的嫖妓关系。

从《奥林匹亚》来看，马奈不是绘画技巧的革命，而是美学观点的革命。他问的是：维纳斯的裸体美，那么，当代一个女性的裸体不美吗？神的裸体美，人的裸体不美吗？

马奈赤裸裸地宣告了欧洲传统美学神话时代的结束，他要艺术回到人间，回到当代，面对自己的现实生活。

他的作品引起社会保守者的不安，但也刺激着年轻一代改革的热情。另一件作品《草地上的午餐》，其实更是传统绘画的翻版，来自威尼斯画派的古典名作。但是原来的神话主题被马奈巧妙地颠覆了，两名穿着当代时尚服装的绅士，旁边出现了裸女，裸女大胆看着画外观众，仿佛挑衅地询问：我这样可以吗？

卫道人士被激怒了，这样不知羞耻，这样赤身露体，大刺刺与男子坐在公园里野餐。

马奈所辩证的、所颠覆的观念很容易理解，这样的画面是时代的颠覆，让人不安，美学惯性上的不安。

马奈的这两张画其实是从像提香和乔尔乔内（Giorgione）的古典绘画那里取得的灵感，却加入当代元素，让新、旧在画面中形成冲突与张力。

马奈引发社会保守者的不安，卫道者对马奈的攻击，却让长期被官方学院压抑着的青年创作者大为振奋，像莫奈、雷诺阿、西斯莱，围绕在马奈身边，支持马奈，逐渐形成对抗保守的新的团结力量。

这个新形成的美术革命团体，以马奈为核心，向保守势力宣战。这就是一八六〇至一八七〇年巴黎美术的状态，在马奈的美学观点下，新的美学观点逐渐明朗，面对自己的时代，面对自己的城市，面对自己的周遭环境。我们的时代不美吗？这样的呼声愈来愈强，不再活在古希腊罗马的阴影里，不再陶醉在农村的桃花源中，画家开始面对自己的时代，面对工商业发达以后的城市繁华，汽车、火车、火车站、芭蕾舞、歌剧院、咖啡馆、街道、时尚、男男女女，城市的一切成为美的核心。

原来要做历史画家的德加，因此也深受启发，他从马奈的画作中受到影响，从家族贵族肖像走出来，开始关心新兴城市的一切：一八七〇年才新建好的歌剧院，芭蕾舞的演出，街边洗衣服、熨烫衣服的劳动女工，咖啡馆里孤独喝苦艾酒的女人，股票市场，棉花交易所。

德加与马奈来往密切的时间，大概是从一八六二至一八六八年，这一段时间可以明显看到德加画风的改变。他从贵族家族肖像的寻

《德加素描马奈》1865

33.1 厘米 ×23 厘米，美国纽约大都会艺术博物馆藏

根，一步一步走出来，更关注自己的时代，更关注当代城市许多就在自己周遭发生的庶民百姓的生活景象。

马奈在美学观点上对德加的影响非常明显，这一段时间他们来往密切，德加画过马奈的肖像，也留下了不少以马奈和他家人为主题的作品，像创作于一八六五年的一幅《德加素描马奈》。

《女子坐像》1892—1895
私人收藏

一张割破的画

马奈的夫人是荷兰人,原名是苏珊·林霍芙(Suzanne Leenhoff),她生于一八二九年,比马奈年长三岁。

苏珊是钢琴家,原来是马奈父亲聘请的家庭教师,教两个青年儿子钢琴。许多资料认为她其实也是马奈父亲的情妇,钢琴老师只是在马奈家中出现的借口。

苏珊一八五二年受聘教二十岁的马奈钢琴,一八五三年她就生下一名男婴,私生子,从母姓,取名雷昂·林霍芙(Leon Koella Leenhoff),后来由马奈抚养长大。无法查证这名男婴是苏珊与马奈所生,还是与马奈父亲所生。

到了一八六三年,马奈三十一岁,与苏珊正式结婚,苏珊成为马奈夫人,儿子雷昂也由马奈照顾。马奈画过不少雷昂的肖像。

这一段时间,德加常去马奈家做客,与苏珊也熟,因此画下这张弥足珍贵的夫妇画像。

这张画像现藏于日本北九州市立美术馆,曾经引起国际广泛讨论,不只是因为德加画了马奈与马奈夫人,记录了两个大画家的亲密关系,更引起广泛议论的是,画面后来被割裂了,马奈夫人苏珊的部分完全被扯掉,不见了。

谁破坏了这张画?

为什么破坏?

德加反应如何?

《马奈与马奈夫人》1868—1869
65.2 厘米 ×71.1 厘米，日本北九州市立美术馆藏

两人因此决裂了吗？

一连串问题，都因为这张画成为艺术史上讨论的重点。

面对这张画，右侧是苏珊，因为割破了，只看到苏珊背部一小部分，穿着条纹长裙，正在弹琴，脸部、手部、正面的部分，都被完全割掉了。

画是马奈割的，如此暴烈的举动，如此对待画面中自己的妻子，令人匪夷所思。

马奈或许与苏珊之间有过一般人不容易了解的情结，爱恨纠缠，不得而知。但是马奈自己画过很多幅苏珊，就在一八六八年同一年，马奈画过苏珊弹琴的一幅画像，画中苏珊穿着黑纱长裙，姿态优雅。马奈也画过苏珊与她的儿子雷昂，都完整没有被破坏，唯独如此割裂德加画里自己的妻子，就更令人不解。

学者的讨论很多，有人认为是德加在画里把苏珊画得太丑，鼻子画得很大。看到妻子被如此画出来，马奈生气了。

许多人在探究原因，是马奈对苏珊的不满？是马奈对德加画作中妻子部分画得太丑不满意？马奈为何有如此强烈的情绪反应？

德加显然对自己这件作品很满意，才会送给马奈。马奈如此对待他的作品，德加看到了，当然十分震怒。

看到这张自己心爱的作品被撕毁，德加默默拿着画走了，也写了一封信，把马奈送他的一件素描寄还。类似绝交的宣告吧，两个人的关系陷入黑暗。

艺术圈的朋友当然都关心这件事，也纷纷猜测询问，传为八卦。

长期以来，许多学者，像杰弗里·迈耶斯（Jeffrey Meyers）等人，不断抽丝剥茧，探讨德加与马奈两人之间复杂而有趣的交往过程。

这一张现藏于日本北九州市立美术馆的珍贵画作，被马奈割破，又被德加要回去。德加表示，原来试图重新补上画面被毁损的部分，但最终却并没有动手，让割破的部分留白。历史上因此留下了这样一件奇特的画作，留白的部分，看不见，却仍然让世人好奇、猜疑。

从个性上来看，这两位出身背景、成长经验、年龄都十分相近的创作者，却似乎有本质上非常不同的EQ情绪反应。马奈冲动、暴烈，爱恨直接，情绪常常难以自制；德加则冷静深沉，不随便与人交际寒暄，但也不会轻易对朋友有两极的爱或恨。

以这件绘画事件来看，德加当下对马奈的举动十分震怒，但从许多学者研究的资料中来看，德加很久以后对这事件的反应，却是出乎许多人意料之外的平静。

收藏家伏拉（Ambroise Vollard）针对这场毁画事件也曾经询问德加，德加的反应很平静，甚至认为马奈的意见是对的，他的确没有把马奈夫人画好，他也准备重画。

友情的考验

从一八六八年事件发生，一直到一八九七年，将近三十年过去，马奈已经去世，德加和朋友谈起，不但没有恶意攻击马奈，还在许多

马奈《苏珊夫人》1868·
法国巴黎奥赛美术馆藏

马奈《马奈夫人与儿子雷昂》1871
美国马萨诸塞州克拉克艺术中心藏

场合公开表示马奈是优秀的创作者，也不讳言自己在创作过程中受到马奈的影响和启发。

个性孤僻、自负的德加却始终对马奈衷心感谢，十分尊敬。德加的本质里有一种深沉的理性，不受情绪左右。德加与马奈，德加与后来相处亲密的卡萨特，在分手后都没有任何恶言，仍然维持和善良好的关系，德加也许是一般世俗不容易了解的吧。

的确，在认识马奈之后，德加的创作有巨大改变。原来专注于古典技巧，专注于历史家族肖像的德加，仿佛借着马奈的眼睛，看到了自己的时代、自己的城市。德加的现代性是受马奈启蒙的，他原来一味追求的古典、庄严、优雅，也因为马奈的颠覆性、批判性的刺激，开始有了捕捉生活现实的能力。

以这件作品来看，虽然割破了，马奈夫人的五官、手、钢琴都不见了，但是这张画作残留的三分之二却极耐人寻味。

马奈夫人在弹奏钢琴，但是聆听演奏的马奈却躺卧在沙发上，他的身体姿态如此懒散松垮，恰好与古典美学的端庄、优雅相反，左手插在裤袋里，穿白皮鞋的右脚跷起，横置在沙发上，右手支撑着下巴，看起来百无聊赖，仿佛对夫人的演奏厌倦到了极点，一脸不耐烦的无奈。

会不会德加窥探到了真实的马奈内心世界？会不会这张画里透露了外人不知道的马奈对妻子的厌恶？德加的画，像心理分析，挖掘了人性不自知的内在。

一八六八年以前的德加，很少这样观察人性，在家族的肖像中，无论如何透视人物内在心事，德加基本上还是优雅的，有着贵族出身的矜持。

好像在马奈身上，德加看到了一种对自己士绅阶级的背叛的快乐。

这张画里，马奈穿着入时，小马甲、领巾、白皮鞋，然而这个布尔乔亚阶级出身的绅士，却流露出和自己身份文化教养完全不相称的一种疏离。德加笔下，马奈有一种自弃的沮丧，似乎厌恶着什么，露出这样不屑的表情。他是厌恶德加把他妻子画丑了吗？还是厌恶这种装腔作势的演奏？还是根本厌恶钢琴家的妻子，厌恶这个教他钢琴，却又是父亲情妇的老师？

马奈身上有极复杂的家庭纠葛，他与作为父亲情妇、老师、妻子多重身份的苏珊有纠葛，他与苏珊私生的儿子雷昂有纠葛，他与嫁给弟弟尤金·马奈的女画家莫里索（Berthe Morisot）关系复杂，与这个弟媳妇之间也同样纠缠不清。

当时巴黎艺术圈盛传着各种八卦，莫里索攻击苏珊，公开批评她老丑不堪，莫里索也嫉妒马奈更年轻的学生冈萨雷斯（Eva Gonzalès），这些绯闻，德加不会不知道。然而这张画里，德加不是要画八卦，他用冷静而忠实的方法捕捉记录下霎时间马奈的情绪——无聊、厌倦、置身事外，那种对人性当下的深层解剖，来自马奈的影响，却比马奈更为深沉犀利。

德加在这张画里，已经有能力切入当代的真实，财富、权力、贵族、文化、教养、衣着，都可能只是外在的假象，德加要透视人的内心世界。他凝视着他最尊敬的朋友，马奈在他的凝视下，听着自己的夫人弹琴，然而，真实的马奈流露出如此乏味厌烦的感觉。

古典与现代的分界，也许正在于此吧！古典世界，全力塑造人永恒的美与信仰。然而，现代艺术开始解构、颠覆，一点一点瓦解人的假象，捕捉内在真实的自我，连自己都陌生的自我，如同这张画里的马奈，厌倦、乏味、不耐烦，但必须活着。德加笔下的真实，勘破了人的假象，是孤寂的眼睛，在看过繁华以后，流露出的淡淡的苍凉之感吧！

不只是对马奈，德加对普遍人性，已经有了深沉的悲悯。

二〇一四年是德加一百八十周年诞辰，各地都有德加的展览、专书、探讨，目前收藏于日本北九州市立美术馆的这件作品，又成为关注的焦点。

日本NHK在二〇一四年一月再度介绍这张画，重点放在马奈与弟媳莫里索的私密恋情上，用来解释画中马奈对妻子仿佛不耐烦的表情。

各种猜测纷纭，或许只能作为茶余饭后闲谈，而在这张画里，我们还是能看到德加的艺术性。德加对人性细密的观察，德加捕捉人物性格的能力，透视人物内心心事的能力，都在这张看来残破的画里，毫无损毁、完完整整地呈现了出来。德加摆脱了前期家族肖像画时代的工整严谨，画中的马奈用轻松自由的笔法勾勒，已经是十九世纪七十年代以后印象派的美学风格了。

《马奈与马奈夫人》在德加去世后拍卖，为日本企业家松方幸次郎收购，流入日本。松方幸次郎是二十世纪初日本内阁总理大臣松方正义的儿子，后来担任川崎造船所（川崎重工业的前身）社长。第一次世界大战期间，因为船舶的需求量大增，松方幸次郎因此有机会扩大经营，企业业绩提升，他也就开始转而投资做美术品的收藏。一九二七年世界金融危机，川崎产业经营困难，出售抵押收藏品，幸次郎许多收藏（约两千件绘画、三百七十件雕塑）转入日本上野国立西洋美术馆和其他地方美术馆。

这一幅珍贵的《马奈与马奈夫人》画像，一九七八年才从私人收藏成为北九州市立美术馆的馆藏，也成为这个一九七四年才成立的美术馆最重要的藏品。

德加在新奥尔良与商场绘画

德加在十九世纪七十年代以后的作品，有划时代意义的不同，他从马奈处受到的对自己时代的关切的影响，明显表现在他的作品中。

一八七〇年，普法战争爆发，普鲁士攻占巴黎，德加由爱国心促使，参加了政府军队。一八七一年巴黎又爆发巴黎公社运动，无产的工人阶级第一次组织发动共产主义革命，与法国政府作战。

这两件历史大事，德加都亲身经历，甚至直接介入其中，也明显改变了他许多观看世界的方式。原来局限在只为自己贵族家族寻根的绘画风格，受历史事件影响——民族冲突，阶级冲突，巴黎歌剧院兴建完成，包厢里坐着贵族士绅淑女，台上芭蕾舞衣缤纷，赛马场上资本家以骑士与马豪赌，街头洗衣女工劳苦终日，咖啡馆里坐着孤独的女子——十九世纪七十年代，德加的作品开始拓展到不同领域，他的美学世界有了更广阔的视野，也有了更广阔的社会和时代关怀。

十九世纪七十年代，德加几个重要的绘画主题同时开始，像芭蕾舞系列、洗衣女工系列、赛马系列、表演艺术系列，关心到社会不同阶层的众生相。在舞台上表演的少女、赛马场驰骋的赛马师骑士、终日劳苦洗衣服熨衣服的女工、坐在咖啡屋里发呆的女子……德加的绘画突然拉开了一个前所未见的广度，在他自己的创作生涯里是巨大的突破，在同时代的画家中也没有一位可以有他这样宽广复杂的社会与人性观察。

更值得注意的是，他开始触碰新兴商业的领域。在绘画史上，德加大概是最早在绘画中表现了股票、期货市场、棉花交易所的画家。这些随资本主义兴盛的城市景况与行为而起的商业活动，印象派里比德加更年轻一代的画家如莫奈、雷诺阿的作品中，也甚少触碰。

德加不但从自己封闭的贵族家庭走了出来，摆脱了旧式贵族的洁癖骄矜，更重要的是，他快速走向自己的时代，走向庶民百姓的生活，很快把触角伸到商业兴盛的交易市场，伸向最底层的劳工，伸向新兴的表演艺术领域，伸向繁华城市各个不同的角落。繁华或落寞，华丽或卑微，德加不念偏见，他只是一个同样在城市生活的孤独者，他默默在一个角落，观看繁华的孤寂者，仿佛沉思着，想要透视繁华背后的真正意义究竟是什么。

十九世纪七十年代是德加创作的全盛时期，他与印象派画家团体一起展出作品，在盖尔波瓦咖啡馆（Café Guerbois）讨论新艺术、新美学的方向。那是一个新旧交替的时代，旧贵族、新兴工商资本家、劳工、城市市民中产阶级，几股势力交互拉锯冲突，印象派的年轻艺术家以马奈为中心，聚集在一起，对政治时局与文化高谈阔论，但是或许没有一位能够像德加如此深沉，用绘画说自己时代的故事，说得如此全面。

他在创作上表现了比印象派其他成员更宽广的视野，从新兴资本主义的商业活动，到市民生活，一直到底层无产者的劳工处境，无一遗漏，全部成为他作品记录和观察的对象。

德加创作的艺术性毋庸置疑，但他作品中的历史性、社会性的广度愈来愈受重视，远远超过同时代的其他画家。他的每一件作品背后都记录着一段故事——时代的故事、社会的故事、产业的故事、城市的故事、人的故事，就像他在新奥尔良停留期间画的著名作品《棉花交易办公室》。

棉花交易

德加在一八七二年受弟弟雷内（Renè）邀请，到母亲的故乡新奥尔良，拜访舅舅和许多母系家族的亲戚。他在新奥尔良停留了五个月，接触到母系家族的棉花交易产业，对他的绘画产生了关键性的影响。

许多学者关注德加在新奥尔良的活动，像班菲（Christopher Benfey）的《德加在新奥尔良》（*Degas in New Orleans*），以一本专著，详细探讨德加与新奥尔良的关系。不只是从美术史上探讨德加与新奥尔良的关系，更扩大视野，探讨到德加的母亲以及外祖父缪松家族，从法属多米尼克的海地迁移到新奥尔良，经营棉花产业和墨西哥银矿致富的历史脉络。

这一母系家族，是美洲殖民时期，欧洲白人与多种族混血的克里奥尔人（Creole）的后代。他们像殖民区的贵族，在新奥尔良密西西比的河滨大道拥有独立的法语社区，拥有黑奴、豪宅。他们依循欧洲生活传统，讲法语，坐在包厢中听欧洲歌剧，俨然是美国新土地上的化外之民，即使在南北战争之后，仍然保留着殖民贵族的传统习性与骄傲。

德加到新奥尔良时，南北战争结束不久，这种还持续着的殖民传统，与新联邦共和国的民主相抵触，解放黑奴、国家统一为联邦的观念，都还被殖民贵族排斥，日日发生冲突。

德加在欧洲经历普法战争，经历巴黎公社运动，现在，他有机会再一次置身在历史旋涡的中心点，观看自己的母系家族，也观看美国初建国时资本产业的发展、民权的解放，观察资本产业里垄断与掠夺、奴役与压迫的关系。在新奥尔良的五个月，他近距离借舅舅的棉花产业看到了种种经济社会的现象，也快速反映在他的创作中。

德加在十九世纪六十年代借家族肖像整理父系的贵族基因，十九世纪七十年代，他到母亲的故乡新奥尔良，开始抽丝剥茧，也经历了自己身上传延着的母系家族复杂的血缘与文化记忆吧。

德加的母系家族，在新奥尔良城的河滨大道（Esplanade）法国社区拥有完全殖民风的豪宅，至今仍是以德加为宣传的景点。这栋豪宅至今还在，经过整修，成为德加居住在新奥尔良城的永远纪念。殖民时代，欧洲许多移民，即使经过好几代混血，仍然保有母语和母体文化传统。他们占有大片土地，利用非洲奴工种植棉花或甘蔗，把原料销售出去，与工业革命后的生产机械结合，形成最大的资本市场，过着完全殖民贵族的生活。

一八七二年，德加的舅舅缪松在新奥尔良城就拥有棉花交易所，是棉花的大盘商，他在城中法国社区有士绅地位，在南北内战结束后的转型时代，处于旧殖民势力和国家统一的军事力量之间，也仍然举足轻重。

德加陪伴弟弟雷内去新奥尔良，住在舅舅家。比他小十三岁的弟弟雷内，亲上加亲，娶的正是舅舅最小一个女儿伊丝狄（Estelle）。德加在停留新奥尔良的五个月间，重复画了好几张伊丝狄肖像。

这个表妹嫁给小她两岁的表弟雷内，生了五名子女，后来眼睛失明，一八七九年与雷内离婚。

南北战争期间，新奥尔良战火蔓延，伊丝狄曾经随母亲流亡巴黎，这一段时间，伊丝狄刚二十出头，德加也画了一幅非常重要的伊丝狄肖像，画中表现了一个看似极度忧郁的女子，一脸的茫然无助，当时伊丝狄还没有跟雷内结婚，也没有失明遭遗弃，德加却像一个预言者，探视到人性深层非常幽微的内心世界，这张肖像画也是他人像作品透露命运与性格的精彩例证。

德加在新奥尔良原来只是陪伴弟弟雷内，并没有打算要长久停留。后来因为船期延误，加上美国内战刚结束不久，南北冲突仍十分严重，他一时走不了，就以舅舅的棉花交易办公室为题材，对他原来并不熟悉的商业资本市场做了细密的观察，画了一幅产业历史上的重要绘画。

《伊丝狄》1872

65厘米×54厘米，法国巴黎奥赛美术馆藏

《伊丝狄》1863—1865

26.9 厘米 ×21.91 厘米，美国巴尔的摩渥特美术馆藏

画里一张长形桌台，上面摆满一团一团棉花，办公室里有来交易的商人，有员工，人群纷杂，忙碌着处理交易事务。他的舅舅缪松戴黑色高帽，穿着绅士服装，坐在画面最前方，旁边一把扶手椅。他戴着眼镜，手中正拿着一团棉花，仿佛很细心地试着拉扯，检验棉花纤维的品质。

德加的弟弟雷内，坐在较后方，靠近长形桌台，穿浅色长裤，手里拿着报纸，正在阅读。德加父亲经营的银行金融业当时遇到危机，雷内在新奥尔良参加舅舅的棉花事业，关心地阅读报纸上报道的正在发生的银行金融危机消息。德加另外一个弟弟阿契尔（Achille），在新奥尔良海关做公务员，像一个旁观者，站立在靠窗更远的位置。

这一件作品呈现另一种产业史诗性的结构，德加曾经在十九世纪六十年代的父系家族肖像以贝列里家族为题材达到了古典史诗性绘画的高峰。十九世纪七十年代，德加则再一次创造母系家族商业绘画的史诗性构图。德加年轻时一直期许自己做一个历史画家，我们对历史画家也许有误解，以为画过去的故事才是历史画家，德加却是面对自己的时代，凝视当下的事件，使一个时代、一种产业，在他的绘画里成为永恒的历史。

记录产业与时代

这件历史杰作，保留了美国立国初期棉花市场的产业面貌，德加以忠实的客观记录，展开一个时代、一种产业的故事。不只是记录自己家族的商业资本家，他也巨细无遗，描绘商业市场中忙碌的员工，桌子一角藤编废纸篓里的客户来往信件，档案架上商业文件的归类，这些，都使他的绘画真正成为历史文件。这张画，因此不仅仅在美术史上被讨论，也是社会史、经济史、产业贸易史中重要的教材。

《棉花交易办公室》（或译《新奥尔良棉花市场》），一八七八年参加第二次印象派大展，就受到敏锐的企业家注意，法国西南部的波城（Pau）刚成立美术馆，就收购了这件作品，成为国家收藏。这也是德加卖出画作的开始，在他家族陆续经历事业破产危机的同时，德加反而借着卖画有了稳定收入。

德加对新兴资本产业的兴趣，表现在他一系列以商业市场为主题的绘画中，哈佛大学福格艺术博物馆也藏有一幅小件的棉花交易市场的作品，长形桌台上堆放着棉花，有人来采购，精心检视棉花品质。这些现场观察、记录的经验，使德加的作品像一部时代纪录片，留下了许多当时画家想都没有想到的生活主题。

从新奥尔良母系家族得来的资本商场经验，一定使德加对新兴产业发生了极大的兴趣。他的舅舅、弟弟，都投身在这些热络的市场活动中，甚至经历了产业从兴盛到破产的过程，德加也不可避免地参与其中，把这些经历一一转化成他的创作。

银行连串破产，资本产业起起伏伏，严重影响到弟弟雷内的事业，不但拖累了父亲的金融资产，甚至一度迫使德加必须出售自己收藏的名画、古董来抵债，也使德加这个衣食无忧的优渥贵公子，第一次品尝到必须为钱担忧的滋味。

德加或许思考着：这资本产业究竟是怎么一回事？他还是没有介入私人情绪，没有个人的爱恨偏见，只是冷眼旁观，保持一个观察者的冷静。一八七八年至一八七九年，德加创作了非常精彩的《股票市场》（又译《证券所人像》），很简单的画面，两位绅士彼此前后耳语，另外一名男子手持小纸单，仿佛在透露此刻行情，两位股票投资者都面色严肃，后面一位挤向前，看字条上的数字，仿佛关系着他巨大的财富起落。这些原来德加不熟悉，也可能不感兴趣的市场资本活动，在他的画里成为关切的主题，印象派同时代的画家，的确还很少有人以股票投资人作为绘画对象。

也有评论家认为，这幅《股票市场》，背后隐藏着德加反犹太的心理，因为他父亲和弟弟的产业破产，都和十九世纪末犹太资本商人操控商业股市有关，或许使他敏感地意识到股票炒作的现象，也联系到再晚一点德加在"德雷福斯事件"（Dreyfus Affair）发生时，坚决反犹太的行为。

但是无论如何解读，德加在这件作品中对资本主义市场炒作股票的现象，还是做了划时代先锋性的记录。

德加没有刻意寻找绘画题材，他只是从家族的背景开始，一点一点，解读没落贵族，解读新兴的金融资本产业，他没有任何意图批判这些历史转型中的社会现象，他谨守一名好创作者基本的客观冷静的态度，忠实地记录。艺术创作者容易主观，容易夸大自己的发现，刻意渲染自己的意见。德加难能可贵，一直保有他作为一名观察者的分

《棉花交易办公室》1873
73厘米×92厘米，法国波城美术馆藏

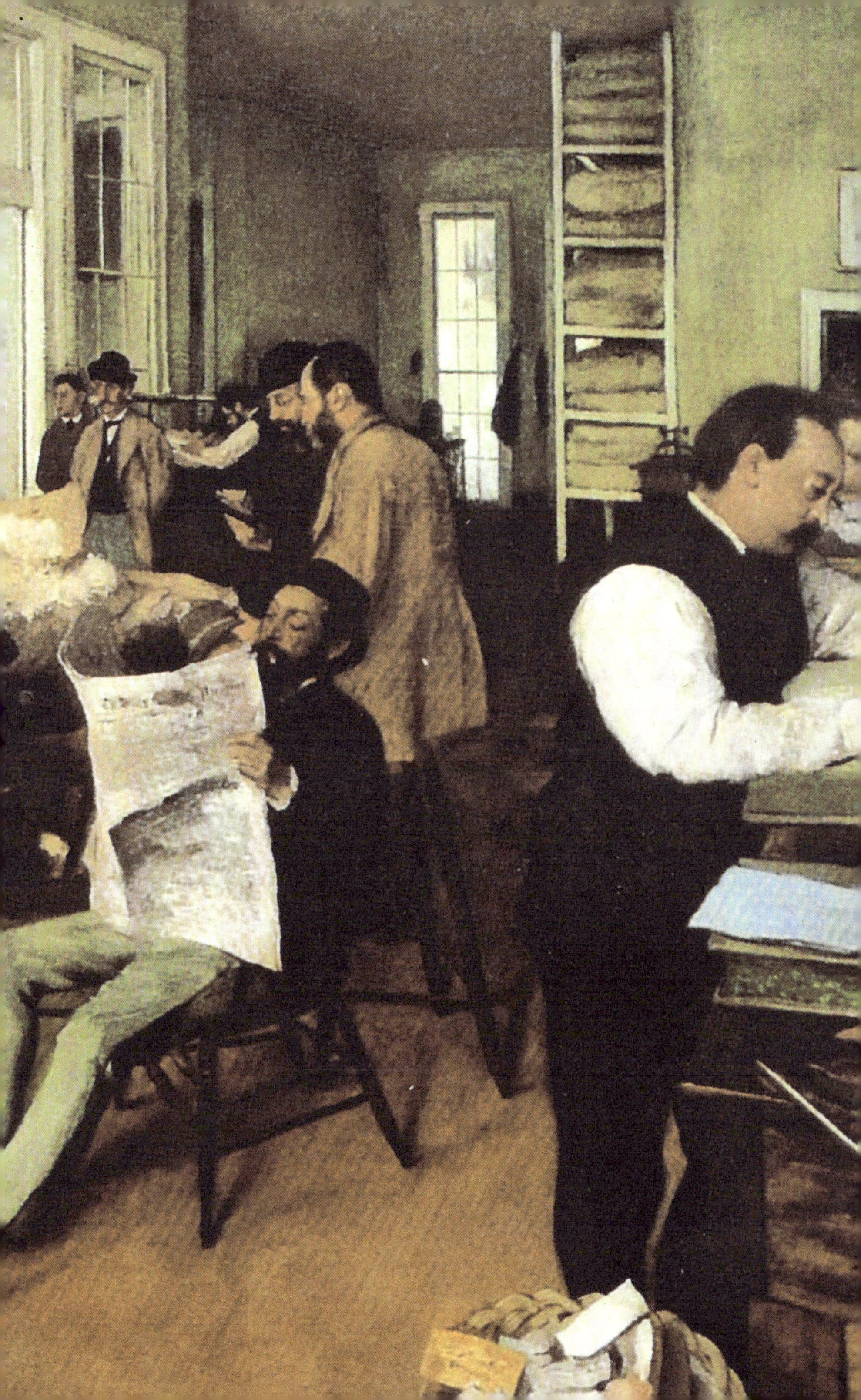

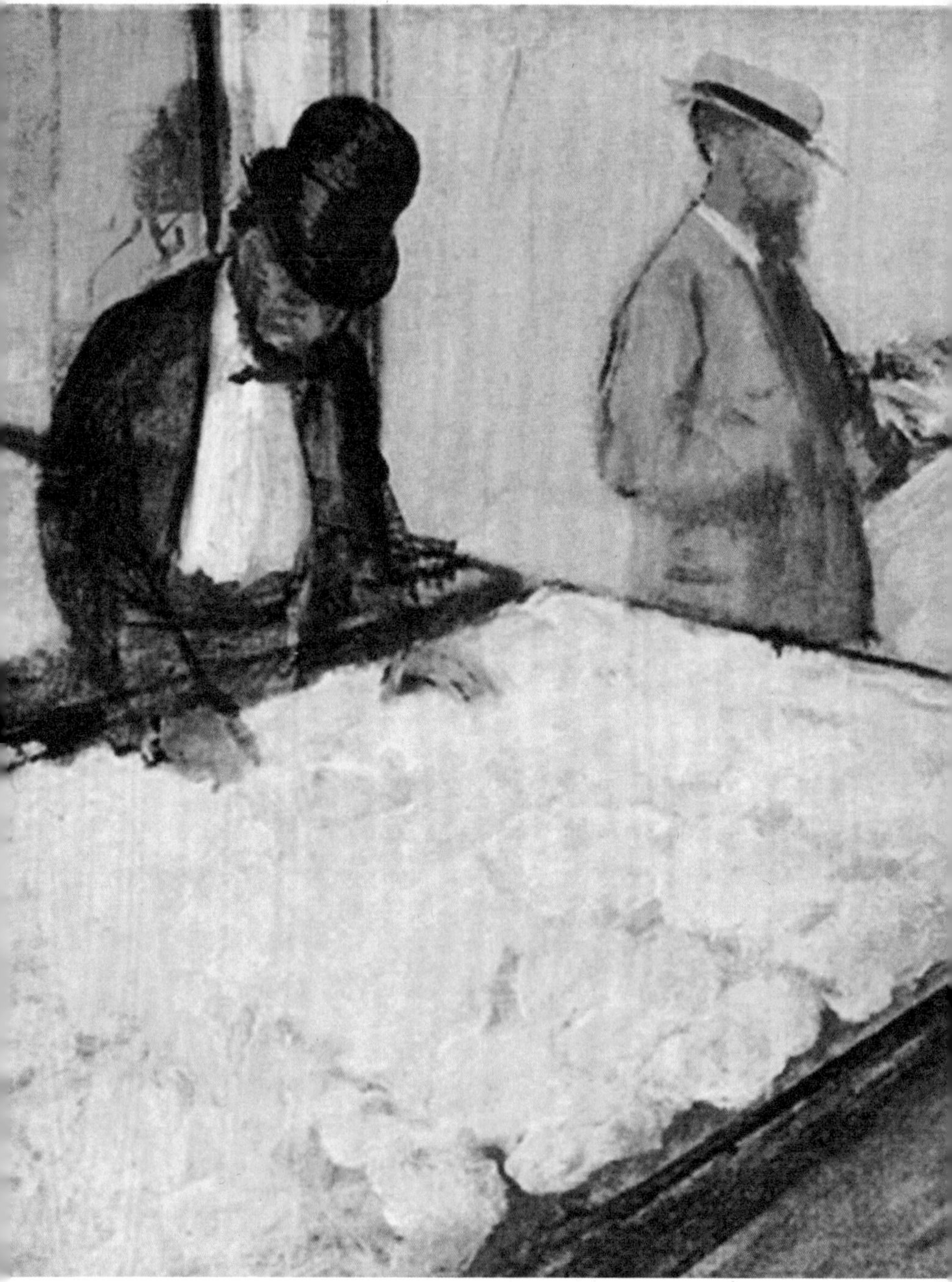

《棉花交易》1873

58.7 厘米 ×71.8 厘米，美国哈佛大学福格艺术博物馆藏

《股票市场》1878—1879
100 厘米 ×82 厘米，法国巴黎奥赛美术馆藏

寸：关心，却不介入，冷静而不煽动情绪。德加在许多煽情的艺术中不容易受到讨好，然而他的重要性愈来愈受重视，他的客观记录，为一个重要的时代做了见证。他的美学提醒了后来者，如何在事件面前，即使是最煽动人情绪的事件面前，仍然要保有自己的孤独，更冷静、更安静地凝视现象。众声喧哗，德加可以这样沉静，使历史的吵嚷纷争都升华成美学。

赛马和运动

德加的系列作品中，马或赛马的主题占了非常大的比例。大概从一八六一年开始，他有一次去诺曼底访友，接触到马，就开始画一些马的速写。当时德加的兴趣还是在历史绘画，他构想了一些中世纪的传奇故事主题，有战争场景，其中自然会有马的出现，因此画马的速写，也只是准备历史绘画的基本练习吧。

马在人类文明演变中一直扮演着重要角色，也长时间反映在人类的艺术创作中。上古时代的石器、陶罐、壁画中都有马出现，像法国南部史前时代的拉斯科洞穴壁画上的马，已经有万年以上的历史。

希腊已有极精细的铜铸马的雕塑。在东方，中国的陶塑秦兵马俑、汉代青铜马踏飞燕，一直到唐三彩的马、昭陵六骏石雕的马；绘画上，现藏于纽约大都会艺术博物馆的韩干的《照夜白图》，都是马的艺术中令人啧啧称奇的杰作。

欧洲绘画雕塑里也一直有马的传统。乌切洛创作的三幅《圣罗马诺之战》，是文艺复兴画马的历史性高峰。达·芬奇也曾经对马的动作姿态做过长时间研究，留下了非常多的马的各种动态的速写，甚至在米兰创作巨大的马的塑像，但作品却因为缺乏铜的原料，无法翻铸而逸失了。

法国新古典主义时期，为了歌颂拿破仑的战绩，巨大的战役图中都有马的表现。但是要一直到浪漫主义时代，像德拉克罗瓦、席里柯，才把马从战争里独立出来，在艺术里单纯表现马的各种动态，使马的主题在现代社会有了新的象征意义，他们也是直接影响到德加画马、创作马、思考马的美学作品的前辈画家。

中产阶级的赛马

对于德加来说，最初对马的兴趣，是因为历史绘画中必然有马与贵族骑士的关系，马只是他构想的中世纪史诗性绘画当中的背景，他最初做马的速写练习，还没有独立思考马在现代社会的意义。

德加后来逐渐接触到新兴城市布尔乔亚中产阶级的赛马，马和骑士在现代社会成为一种新的游戏、新的竞赛、新的赌具。

城市的富有阶级聚在赛马场，穿着时尚的服装，彼此寒暄，是社交，是赌博，也是炫耀财富。他们选中马匹，选中骑士，纷纷下赌注，一掷千金，也像是财富的较劲。

德加出身贵族金融世家，他对这样一种场域的市民中产阶级的游戏，不会不熟悉。因此当他认识马奈之后，把自己创作的方向从历史转向当代，德加笔下的马，就有了时代的全新观点。

德加最早以赛马为主题的作品大概可以追溯到一八六八年前后，从奥赛美术馆收藏的一张赛马作品里，已经可以明显看出他对赛马的专注。

这一件作品是德加现场的观察记录，法文原名 Le défilé，意思是赛马前的列队巡礼。骑士整装完毕，骑在马上，在马场缓缓踏步，向两边观众致意。

栏杆外围是来看赛马的观众，穿着入时的绅士，许多撑着小洋伞的贵妇、淑女、名媛，他们是来赌马的城市中产阶级。背景部分可以看到赛马场入口大厅的尖塔建筑，以及地平线尽头，远远可以望见冒着黑烟的工厂烟囱。

印象派画家的画中有火车、工厂，都喷发着浓烟。工业革命初期，他们的绘画里不回避当代的机械产业文明。

另一件德加一八七二年前后的作品也是以赛马前为主题，画面地平线上也是一排工厂烟囱，矗立向高旷的天空，喷发着浓烟，和地平线上中世纪的教堂尖塔一样，仿佛标志着新时代的信仰。赛马不再是古代的怀旧，赛马有了当代社会的新的意义。

德加这件最早的赛马作品，40厘米×60厘米左右的画面，德加用自己时代的许多社会标志衬托出"马与骑士"的主题。原来在他的中世纪构图里，马与骑士都只是古典诗意的联想，然而在这件作品里，德加赋予了马与骑士全然不同于历史绘画的当代意义。

赛马场，拥挤着权贵士绅贵妇，然而德加的现代骑士与马仍然是主题。

整个画面的中央位置留给了骑士与马。他们仍然是现代文明舞台上的主角,姿态优雅,缓辔踏步而行,彬彬有礼。德加是在这些被中产阶级视为赌具的骑士与马身上,再一次发现和确认古典的骑士精神的优雅与庄严的吗?

面对这一件作品,我们或许会讶异,德加选择的角度正对着最前景两匹马的臀部。他们分别向两侧群众致意。他们正是两旁观众的赌具,在经济投资的资产者眼中,他们其实是被赌场豢养的,像古代罗马贵族豢养的奴隶,只是为了娱乐贵族而存在。然而德加深沉的眼睛,仿佛透视到文明的矛盾,透视到现代繁华背后带着苦味的虚无。它颠覆了现场的主从关系,骑士与马仍然是德加眼中的主角,是时代的英雄,富有的投资者反而是他们的背景。

这张不大的作品里,透露的孤独与荒寂,让人不安。为什么骑士与马都背对画面?为什么看不见骑士的五官表情?为什么地面上拖着骑士与马的长长的影子?

凝视这张画久了,或许会发现仿佛德加心目中的主角,也不是骑士与马,而是在画面中央最重要位置空地上的影子。因为那些影子,画面上的繁华忽然变成梦幻泡影,仿佛一切都只是眼前一时的喧嚣,繁华背后,画家冷冷地看着留在地上虚幻空无的影子。

德加的画与同时代印象派的明亮华丽如此不同,因为他总是很快透视到华丽背后的孤寂,这幅《赛马前巡礼》是德加美学的经典代表。

《赛马前》1872
48.5 厘米 ×61.5 厘米，法国巴黎奥赛美术馆藏

《赛马前巡礼》1866—1868
40厘米×61厘米,法国巴黎奥赛美术馆藏

马的现代意义

各种素材的马,甚至从赛马里独立出来,不受人的羁绊。德加持续在马的身体律动中寻找表现的可能,静止的马、奔跑的马、驰骋飞扬的马、低头饮水的马、摇动马鬃的马、向前扑倒的马、冲刺的马、负重拉车的马——德加——做现场速写、素描,再整理成粉彩或油画作品,甚至用石膏捏塑立体造型,观察马的身体各个角度的变化。绘画史上很少有画家一直专注一个系列的主题,如此锲而不舍,如此不断钻研探讨,留下数量可观的各种媒材的练习作品。

中国台湾亚洲大学现代美术馆存有一套德加石膏模翻铸的铜马,有各种不同动态,甚至只是创作者为了研究做的习作。现场观察细部,可以很清楚地看到创作者的手在石膏或泥土上揉、捏、挤压,在塑造过程留下的肌理,如此粗糙,甚至并不修饰完整,对创作者而言,是练习的过程,却因为保留了最粗朴原始的创作动机,也更启发了现代雕塑自由表现的现代性。

马,这样一个在古典艺术里有长久传统的绘画主题,却因为德加的专注,被开发出了全新的现代意义。

哈佛大学福格艺术博物馆一幅《赛马开始》,也创作于一八六〇年至一八六二年之间,裁判摇下红旗,骑士专注备战,马匹扬蹄,正待冲刺而出。

画面上三匹马,远远的赛马场,散落着一堆一堆人群,这件作品,几乎全用暗色系的油料,只有三名骑士的衣服、帽子和马鞍,点

《马》1921—1922
中国台湾亚洲大学现代美术馆藏

出鲜明的红与黄。高彩度的红,高明度的黄,一点粉蓝,在一件古典暗色调性的油画里忽然亮起来,和学院传统的马的作品有了强烈差别。如果没有这些现代骑士,这件作品就很近似十九世纪初的新古典主义的战役图了。

要分析德加作品的现代性,这幅画作是很好的实例。把高彩度的红、高明度的黄掩盖起来,这张画就像是古典油画,连天空和草地的色调都像传统画法。但是德加从传统走出来,他大胆让传统中介入现代元素,三名马师是现代骑士,他们不再生活在中世纪,他们不是历史的怀旧,他们是德加笔下当代的英雄。

《赛马开始》1860—1862
33厘米×47厘米,美国哈佛大学福格艺术博物馆藏

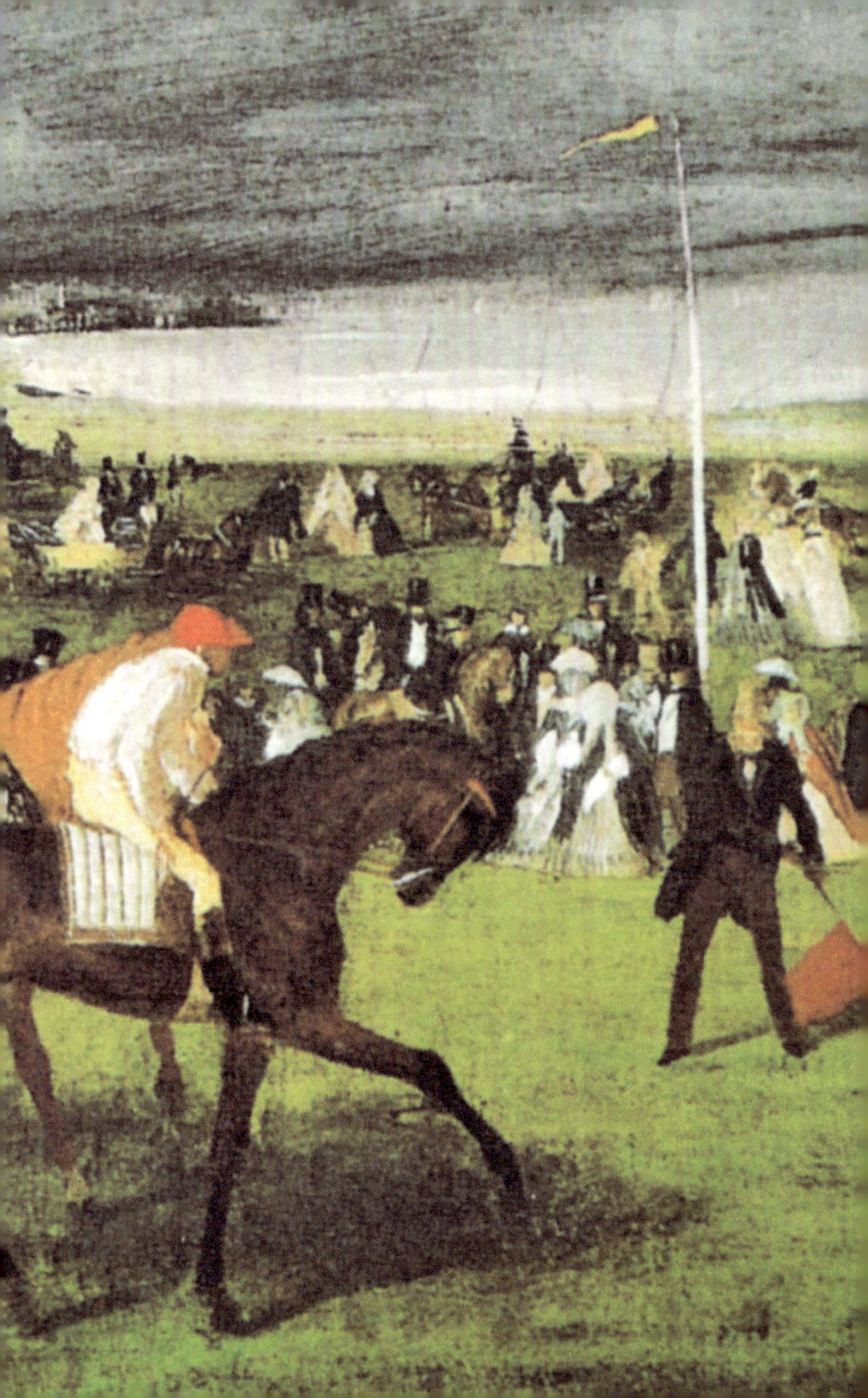

《摔落的骑士》1866

180厘米×152厘米,美国华盛顿国家美术馆藏在传统骑士绘画里，骑士总是英雄，通常是以胜利的姿态骑在马上，趾高气扬。然而，十九世纪的欧洲，无论在绘画里或文学中，传统骑士精神的英雄已重新被定义。

英雄，只是小说或艺术里的角色，福楼拜笔下的包法利夫人，或《一颗简单的心》里的女仆，他们可能是现实里卑微挫败的角色，然而却是现代主义艺术创作里的英雄。

华盛顿国家美术馆收藏的德加的《摔落的骑士》，表现的正是现代绘画里的英雄，他们努力过、奋斗过，从马背上坠落，马仍然向前冲，骑士躺在地上，动弹不得，生死未知。德加选择了这样的场景，向他笔下的一系列的"骑士与马"致敬。他们被豢养，当成资本家的赌具，他们有时胜利，接受欢呼，赢得赏金，名利双收，然而德加不会遗忘那些失败者，那些失败的时刻，从马背上坠落的时刻，奄奄一息、人事不知、沮丧绝望的时刻。

德加凝视生命的方式如此宽阔，他不在意结果。输或赢，都是生命本身，旁观、记录，对所有努力活过的生命致敬。德加比同时代许多艺术家更深沉，更具哲学性，因为他不只拥有技巧，德加美学中的思想性或许是更值得注意的吧！

德加只是关心"骑士与马"吗？还是他在这一主题里看到了现代社会生命存活的另一种意义？一直延续到十九世纪八十至九十年代，德加始终没有放弃对这一主题的探究，他甚至利用新发明的摄影技术去记录马的活动，用一格一格停格的方式更细微地捕捉马的动态。

德加在摄影上的兴趣一定程度影响到他的绘画，现代科技感光带来的视觉经验，无论是对形象动态的捕捉，还是光影的层次，或是视窗、景深、构图，都与他的绘画创作有着重大的互动。

他不像某些写实画家，觉得摄影对他的绘画是一种威胁，也不仅仅只是利用摄影，做绘画的临摹。相反，德加介入这一新科技，试图在里面发现视觉的新元素，用来开拓创新的绘画空间。

十九世纪八十年代末，英国摄影家迈布里奇（Eadweard J. Muybridge）发展出一种定格（stop-motion）的摄影实验，用类似后来电影分镜的方式，把人或马的动作用一格一格的停格连串起来，这一发表于一八八七年的摄影实验，《动物的运动》（Animal Locomotion），让画马画了二十年的德加大受启发，在摄影取得的连续动作里，他了解到传统绘画捕捉动态的局限性，他可能更想打破固定造型的方式，

英国摄影家迈布里奇的定格摄影实验

去抓住瞬间的动作里时间的抽象性。

如果比较德加后期在十八世纪九十年代创作的马与骑士,将全力冲刺的动态感与迈布里奇在摄影里的停格实验两相对照,或许就可以看出德加如何借用现代科技的实验,开拓自己创作的领域。

德加在一八八〇年前后的作品,已经有新的构图实验,像现藏于英国伯明翰的一件《赛马绕旗》作品,有时会觉得看起来不十分完整。习惯传统构图的人可能会觉得突兀,马的身体,或切头或切尾,画面中央突然有旗杆木柱隔断。这种迥异于传统构图的现代表现方式,一方面让时间的因素更明显介入画面,许多看似不连续的造型,却更表现出动态的延续,而且深受日本浮世绘版画的构图影响,德加必然也深思过,可不可以在画面中央置入一根柱子,让画面不再是传统学院的固定模式,而可以产生多视角连接的更为变化和运动的效果。德加对视觉的可能性的实验,一方面借助现代科技,另一方面也大量移用东方文化的经验,例如德加在作品中曾用东方的扇面形式做过几次尝试,造就他在多元视点上不同于欧洲原来单一视点的艺术风格。现藏于美国弗吉尼亚美术馆的一幅《赛马》,完成于一八九二年,画面里骑士列队练习,可以明显看出最中央两匹马的连续动作。横向拉长的画面,使人想到东方长卷构图,虚实对应,凸显构图中央两匹马的连续转身动作。德加在创作上理性的思考多于情绪,使他不断累积经验,对同一主题反复思考,造就了他在不同阶段的不同作品风格。

《赛马绕旗》1879
107.3 厘米 ×73.7 厘米，英国伯明翰大学芭伯艺术馆藏

《赛马》1885—1892

40厘米×88厘米，美国弗吉尼亚美术馆藏

内在世界的孤寂与自由

德加后期因为眼睛的关系，大量使用粉彩材料。粉彩如同铅笔，可以快速做现场速写，粉彩的材质色彩明亮鲜艳，使他的绘画里的彩色更炫丽明亮，笔触也更自由，纽约大都会艺术博物馆里的一件粉彩《三骑士》也凸显出动作的连续性。

德加创作于一八九四年的一件《赛马前》作品，在仿佛夕阳的反照里，七八名骑士在做赛前练习。夕阳的光在起伏的山峦间出现大片暗影，中央的几匹马都背对画面，朝远处走去，朝最高处的山巅明亮的光走去。骑士身上彩色鲜艳的衣服，银红、翡翠绿、宝蓝，如同宝石，仿佛呼应着远处的阳光闪烁。后期德加的马仿佛不再是豢养来做竞技的马，它们，或它们的主人——骑士，都孤独走向旷野，仿佛骑士与马解脱了被当作赌具的束缚，走向他们向往的真正无拘无束的乌托邦。

德加内在世界的孤寂之感，使他渴望一种自由，不受羁绊的自由，不受驱使的自由，不受奴役的自由。德加的美学仍然如此凝视繁华，在最热闹喧嚣的赛马场，在布尔乔亚炫富的时尚空间，他还是看到生命底层本质的人的孤独。这件作品让人想到高更最后画的《白马》，也是背对画面，也是仿佛在夕阳的余晖里，孤独走进深林中的水塘。

德加一生研究的主题其实不只是现实里的赛马，他逐渐抽离了赛马的现实性、社会性，让骑士与马的主题得到升华，升华成诗，升华成生命最终的向往。

《三骑士》1900

48.9 厘米 ×62.2 厘米，美国纽约大都会艺术博物馆藏

《赛马前》1894

47.9厘米×62.8厘米，西班牙马德里提森-波涅米萨美术馆藏

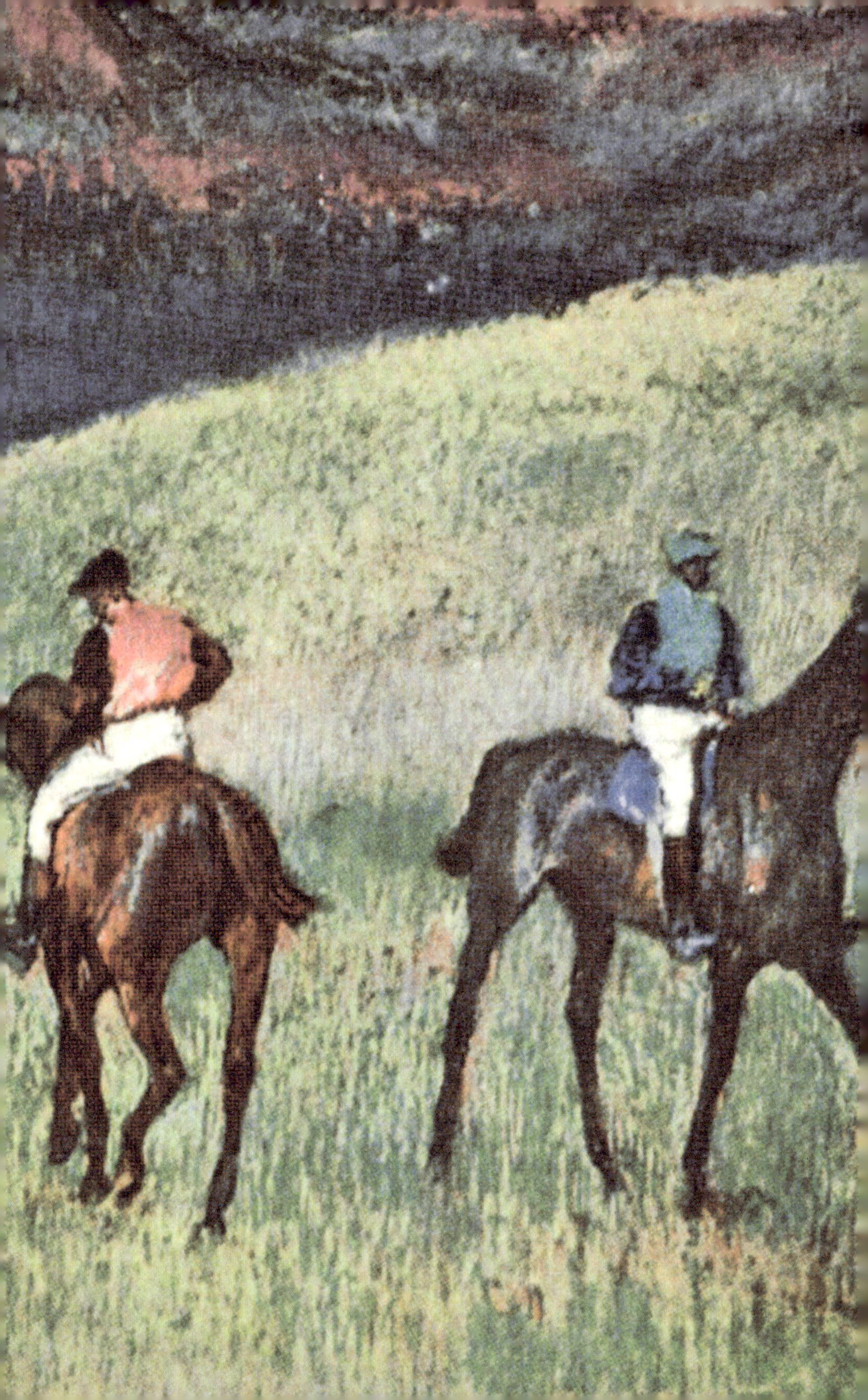

《赛马》1884
美国底特律美术馆藏

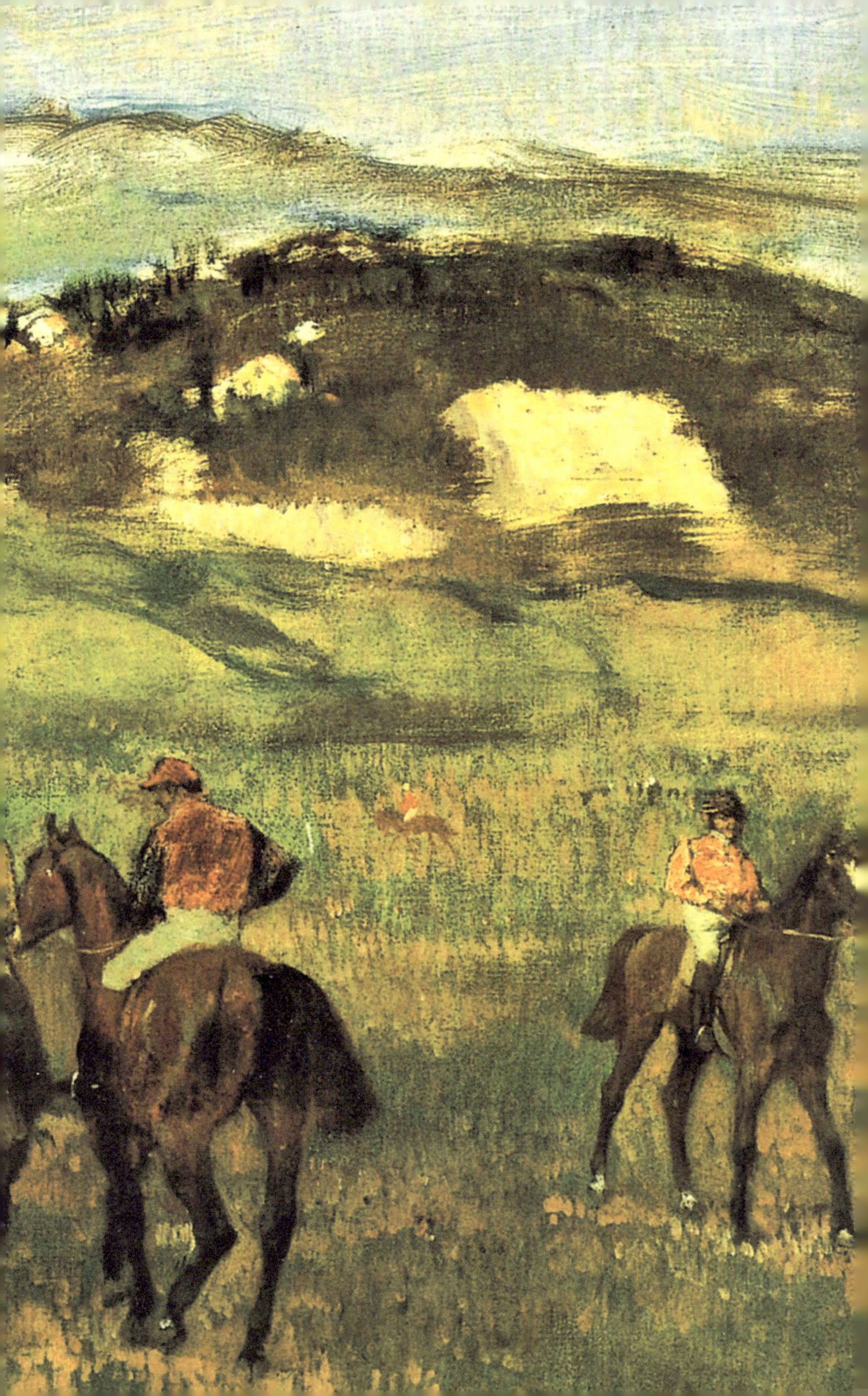

《落马的骑师》1896—1898
巴塞尔艺术博物馆藏

德加与卡萨特

二〇一四年是德加诞辰一百八十周年的纪念，各大博物馆都有德加的展览，展览的主题许多也都定位在德加与卡萨特的关系与作品比较上。恰好，小德加十岁的卡萨特生于一八四四年，是其诞辰一百七十周年，卡萨特生在五月二十二日，德加是七月十九日，美国华盛顿国家美术馆因此就选择二〇一四年五月至十月，仿佛为两人庆生，举办这两位画家的联合展览，定名为"德加／卡萨特"，展出七十多件两人的重要作品，也举办了关于两位画家相互影响的文件资料的剖析讲座。

玛丽·卡萨特是印象派时代最负盛名的女性画家。当时的女性画家少之又少，莫里索是其中一位，后来嫁给马奈的弟弟尤金，作品减少，不像卡萨特创作数量那样多，风格那样独特。

当然，卡萨特另一个受重视的原因是她是美国人。美国当时能与欧洲印象派艺术连接的画家同样少之又少，对于后来财力资源特别丰厚的美国各地美术馆而言，当然会极力不惜巨资搜购留在欧洲的卡萨特作品，以彰显美术馆与本国画家的关系。

美国华盛顿国家美术馆对德加的纪念展，也理所当然，一定会联系到自己本土重要的女性画家卡萨特。

一般世俗讨论两位画家的关系，很容易陷入两人罗曼史的渲染之中，艺术创作的部分往往反而被俗世爱情的传奇掩盖。就像通俗小说与电影里的罗丹与卡米耶的故事，重点常常集中在谈论两人的情爱关系或性的关系，真正创作上的主题反而常常被忽略。罗丹与卡米耶，两个性格上都有足够强度的艺术家，创作上的独立性，风格上的不同，可能都因此被偏离或扭曲了。

两位在创作上都有企图心、生命力都十分旺盛的艺术家相遇了，可能是爱情的相遇，但也极可能是创作上的激荡。一般人不容易了解，艺术创作也是一种吸引与牵连，甚至会成为更大于情爱的牵连。创作上的激动，可以使彼此的生命发光发亮，并不一定会比爱情的力量小，也通常有可能更强烈于肉体表象或性的吸引。

德加与卡萨特有很深的交往关系，但是，这种关系，究竟是男女间的爱情，还是有更大部分来自创作上的吸引与互动？因为二〇一四年美国华盛顿国家美术馆的纪念展，二人之间的关系也变成了热门的话题。

从展览本身来看，策展者并没有聚焦在世俗大众关心的爱情罗曼史，或更庸俗的八卦上。

这个展览尊重德加的独立性，也尊重卡萨特的独立性。在两个平行独立人格的基础上，探讨他们相遇时创作上的互动与激荡。展览的主标题 Degas / Cassatt，两个名字是平行的，是两个人的"双个展"。

展览的画作，忠实呈现两位优秀的艺术家各自在创作领域无可取代的性格特质。他们可以相遇，也可以不相遇，但他们的相遇，激出了一些火花，卡萨特显然折服于德加在创作上的卓越杰出表现，受到德加许多美学观点与技巧的影响。德加也很少像对卡萨特那样欣赏一位女性，卡萨特曾经开玩笑说德加有反女性倾向。

出身贵族世家的德加，的确似乎有情爱上的自负与洁癖，他的感情生活也像他美学的品位，高贵节制，很少随便泛滥。梵高曾经在书信上批评德加性欲自制，这一点未尝不是德加情爱上的理性严谨，不同于一般浪漫艺术家的情绪化或耸动化。德加画风冷静自制，很少有情绪煽动的狂野，他的人格特质、情爱特质也应该如此吧。

对德加而言，与卡萨特相处，她的女性部分，仿佛已经不是最重要的因素。德加更赞叹的似乎是一个女性画家，能够有如此独立自主的创作风格，如此丰沛强大的生命力，他欣赏的恰好是卡萨特的自信、自主。

他们相遇了，彼此都感觉到愉悦开心，仿佛激发了内在某些共同的创作基因。毫无芥蒂，一清如水。将近十年，在创作上互动激励，两个人都产生了超越前一时期的好作品，那种相遇的快乐，互相激荡的快乐，像一种"恋爱"，但或许并不是一般世俗界定的凡庸的恋爱。在"恋爱"中，他们仍然保持清醒独立的自我，他们并不依赖对方，不粘连纠缠，在创作的风格上更是一直确守自己的特色。这样的"恋爱"，的确十分少见，他们是爱人，是师生，是知己，像朋友，却又如同陌生人,一旦分手,各自回到自己的创作,还是完全不受干扰的独立的自己。

如同华盛顿国家美术馆的展览,许多评论定位的焦点不是爱情,而是友谊,评论的焦点如凯伦·罗森博格(Karen Rosenberg)所言,是学生和老师的关系(student-teacher relationship),如果是"恋爱",也似乎是纯精神性柏拉图式的"恋爱"伴侣(a purely platonic power couple)。

这样的议论,似乎回答了长期以来大众的关心,消解了外界渲染的德加与卡萨特罗曼史的情侣传奇关系。这个展览,回到作品本身,检视、印证了两位优秀创作者的另一种艺术上的关系。

卡萨特一八四四年生于美国宾夕法尼亚州,他的父亲经营证券股票市场,母亲出身于一个银行世家。她的成长背景跟德加十分相似,两人从小都在富裕环境下长大,接受了良好的人文教育。

卡萨特十岁左右就跟随母亲游历欧洲各大城市,爱上了艺术,十五岁就进宾州美术学院习画。当时美国艺术教育保守,女性学生很少,也被限制,不能画裸体模特儿。卡萨特因此辍学,一八六六年,二十二岁,又重回巴黎,在卢浮宫临摹古典作品,私下拜名师学习,进步很快。一八六八年,卡萨特就入选了巴黎沙龙画展,是极少数入选法国沙龙的女性画家,又是美国人,很快就受到美术界注意。

一八七五年,卡萨特偶然在画廊橱窗里看见了一幅德加的粉彩作品,大为震惊。数十年后,她还时时跟朋友回述当时的惊喜情形,形容自己鼻子贴在玻璃橱窗上看德加作品的傻相,好像当时被德加作品震惊的印象还异常鲜明。

在认识德加之前，卡萨特先被德加作品震撼了。

一八七七年德加出面，邀请卡萨特加入印象派的联展，两人因此相遇了，交往密切了起来。第二次印象派大展，卡萨特因为展出了《蓝色扶手椅中的小女孩》这件作品，轰动一时。

德加与卡萨特在一八八〇年前后交往最为频繁，两个人的工作室距离很近，德加带领卡萨特学习做金属版画，卡萨特赞美德加的粉彩作品，也因此使德加创作了更多色彩缤纷的粉彩画。两人的互动密切，创作上彼此的影响如此明显，德加也常陪伴卡萨特看卢浮宫，听音乐会，甚至出入服饰店，看卡萨特挑选帽子，因此，自然使这一段的交往容易被特别渲染成一种男女情爱的罗曼史。

因为两人当时交往的书信文件资料几乎全部遗失，使德加与卡萨特真实的关系始终不明，有关男女情爱的传奇，也就任凭论述者与小说家传说与猜测，但也始终都只是传闻，无法证实。

也许到了二十一世纪，探讨艺术史的方向改变，对人性的了解更宽容，探讨两个人的关系，有可能更贴近真实人性。二〇一四年美国华盛顿国家美术馆的"德加／卡萨特"大展，反而几乎聚焦在解脱两人的情爱关系，还原两位个性独立的画家各自独立的位置。

相差十岁，德加与卡萨特相遇，德加过了五十岁，卡萨特也过了四十岁，两人都出身于保守而教养严格的传统家庭，他们都在情爱世界仿佛有贵族式的洁癖，他们个性都成熟内敛，没有一般人想象的艺术家的浪漫。评论家举出梵高书信里谈到的德加"性的自制"，仿佛也正好说明理性而且道德意识强烈的两位艺术家,他们的相遇,的确可以守住分寸,更多是艺术创作上的切磋互助,并不涉及或至少很少涉及一般世俗揣测的情爱。

德加与卡萨特两人都一直保持单身未婚,他们对自己生活形态的选择也大不同于流俗。他们专心一意在创作的狂热里,仿佛别无其他多余的俗世热情。

德加晚年曾经劝一位收藏家结婚,收藏家反问:"那你为何一直单身?"德加的回答幽默而耐人寻味,他说:"我害怕每画完一张画,太太就在旁边赞叹说:'啊!多么完美的画!'"

在创作里,德加似乎连赞美都不要,他要彻底的孤独。

渐行渐远

德加与卡萨特后来逐渐疏远,大概在一八八六年最后一次印象派大展之后,一八九八年在著名的"德雷福斯事件"发生时,德加坚持己见,与大部分反对政府判决的朋友对立,更使他与朋友们的关系极度恶化。当时德雷福斯被判刑,作家左拉发表《我控诉》(*J'accuse*)一文,为德雷福斯辩护,认为政府的审判有政治意图,明显是想打击犹太族群,并不是公正独立的司法审判。当时几乎所有前卫文学家、艺术家都站在左拉一边。唯独德加,坚决表明了反犹太的立场。因为这个事件,德加不只跟卡萨特疏远,也几乎跟印象派所有的画家都绝交了。

在政治上，德加也一直冷静、深思，并不随波逐流，在"德雷福斯事件"中，虽然大众意见如此强大，他却依旧"虽千万人，吾往矣"，不惜断绝所有亲友关系。德加的孤独，使他一直无法在任何一个团体中，但他的孤独也使他不受世俗干扰，成为少有的深沉冷静的好画家。或许对德加而言，创作者，本来就应当是本质上的孤独者吧。

此后，卡萨特回到美国，仍然时时回到欧洲，但与德加的联系愈来愈少。她的后期作品，有意识地强调女性独立人格，参与女性独立运动，发展独特的女性风格绘画，她笔下的《读报的母亲》刚毅自主，常常被作为美国立国之初知识女性的典范符号。她强调女性意识，却不否定女性身上的母性特质，《为女儿沐浴的母亲》传承欧洲中世纪宗教绘画的圣母圣婴图像，赋予现代生活的俗世精神，洋溢着母性对生命的包容与温柔。这些，都被认为是艺术史上最早确立女性观点的绘画，确立了卡萨特在艺术史上独特不朽的地位。

同时，卡萨特不仅是一名画家，在创作之余，她不遗余力，推介欧洲印象派的作品，让美国富有起来的收藏家认识印象派，大量购买了当时欧洲最好的画作，丰富了今天像纽约大都会艺术博物馆或华盛顿国家美术馆的馆藏。

卡萨特也仍然不断向收藏者介绍德加，让美国的买家认识德加、收藏德加。分手之后，德加也还大量收藏卡萨特的作品。这些都不像世俗的罗曼史逻辑，两个人后来几乎很少谋面，但是仍然关切对方的

卡萨特《读报的母亲》1883

私人收藏

卡萨特《为女儿沐浴的母亲》1893
美国芝加哥艺术博物馆藏

作品，关心对方的创作，可以平和公开地赞美与欣赏彼此的作品。这都使德加与卡萨特的情谊，到了二十一世纪，仍然对现代人的交往有更深的启发。

或许德加与卡萨特提供了一种崭新的爱情或友情关系，解脱了传统伦理的世俗羁绊，他，或她，其实都是独立的个体，他们彼此欣赏，彼此激励，却不依赖，没有俗世的瓜葛粘连。

从画作来看，德加笔下的卡萨特或许也提供了一种不同以往的观看爱人的方式。

一八八〇年前后，德加以"卡萨特在卢浮宫"为主题创作了一系列作品，有素描，有金属版画，有粉彩，但画面构图形式几乎一样。画中卡萨特是背影，穿着时尚的长裙，戴着帽子，手中一柄阳伞，仿佛看艺术品看累了，用阳伞当手杖，支撑着身体。这一系列作品中，卡萨特姿态几乎一样，但周遭的场景在改变。卡萨特有时候在看古埃及雕像，有时候在看画，显然，这一系列作品，德加画了很久，好像作为两个人在卢浮宫的功课，看各个不同时期的艺术，彼此讨论，德加也随手记录下卡萨特在不同艺术品前的样子。画里坐在一边看书的是卡萨特的妹妹丽狄亚（Lydia），好像对两人关心的艺术兴趣不大，低头看自己的书，偶然抬头看一下姐姐。

德加在跟卡萨特往来最密切的时间，画里的卡萨特是背面，这与一般恋爱中的画家处理自己爱人的方式已经十分不同。

对比这一系列作品，会发现：德加关心的，似乎不是卡萨特，而是卡萨特与艺术的关系。

德加是关心肖像画里人物内在心理与情感流动的画家,因此,他以描绘背影的方式处理卡萨特,他以卡萨特在卢浮宫观看艺术品做主题,这一系列的作品都更能看出,德加是以完全理性客观的创作方式记录卡萨特,作品里没有激情,没有迷恋,没有个人情感的介入。

德加最主要画的一张卡萨特肖像并没有完成,是卡萨特坐在椅子上,手里拿着几张纸牌,脸上带着淡淡微笑,若有所思。

这件现藏于华盛顿肖像美术馆的作品,创作于一八八四年,卡萨特四十岁,德加五十岁,以年龄来看,他们也不再是浪漫的年纪,足够成熟,也足够独立,对自己的创作方向都很笃定,对自己与他人的关系也不会有太多情绪纠葛介入。画里的卡萨特有优雅的姿态,情感内敛幽微,是充分自信的喜悦,她与德加,在某些方面是如此相像,艺术的执着,独立的个性,一直保有孤独而饱满的自我。

一九一二年,卡萨特曾经写信向画廊经纪人杜朗－卢埃尔(Paul Durand-Ruel)谈起这张德加画她的肖像,特别说明不希望有人知道自己摆姿势让德加画。卡萨特似乎在晚年的时候毁掉了很多她早年与德加来往的信件资料,仿佛刻意不想留下这些往事的记忆。传奇传记家可能从这些举动去联想或夸大卡萨特对德加情感的牵连,但是从创作上来看,卡萨特后来强调的独立女性的美学风格,或许并不希望世人太过渲染她所受的德加影响吧。她的确受德加影响甚大,也一直不曾中断她对德加作品的赞美欣赏,但是,卡萨特还是希望做她自己,做一个生命独立的女性,做一个风格独立的画家。她后期的作品也明显走出了一条与德加完全不同的自我风格的道路。

《在卢浮宫》1880

26.7 厘米 ×23.2 厘米，私人收藏

《试戴帽子的女子》1882

48 厘米 ×31 厘米，法国巴黎卢浮宫藏

《在卢浮宫》1879—1880

30.3 厘米 ×12.7 厘米，美国纽约布鲁克林美术馆藏

《卡萨特在卢浮宫》1879
91.8厘米×68厘米，美国波士顿美术博物馆藏

《卡萨特在卢浮宫》1879
71 厘米 ×54 厘米，私人收藏

《未完成的卡萨特肖像》1880—1884

71.5 厘米 ×58.7 厘米，美国华盛顿肖像美术馆藏

从生活上来看，因为卡萨特讲究服饰衣装，常常要去服饰店选帽子、试穿衣服，因此发展出德加一系列以女性时尚为主题的作品。这些作品里，对着镜子试戴帽子的女性，有时看得出是卡萨特，有时看不出是卡萨特。但的确是因为和卡萨特的相处，使德加有机会陪伴一个女性长时间在服饰店，观察女性选择衣帽时的种种专注姿态，德加因此用快速素描记录下了一个时代巴黎的女性的时尚世界。

德加的"女性时尚"系列作品，因此也成为他此后绘画生涯中极重要的一个主题。

城市生活与时尚

印象派画家都关心城市生活，因为工商业发达，逐渐繁荣起来的城市，人口集中，城市景观快速改变。逐渐形成主流的中产阶级，他们在经济富有之后，参与政治经济改革，带领建立新的社会习惯，创造了属于自己时代的生活方式。一八五〇年前后的巴黎，城市规划翻新，建筑大量改造，开拓出许多现代都会的广场和大道（boulevard），六层至七层的豪宅，成为新的城市风景。新的城市风景被艺术家看到，大量出现在印象派画家的画中。马奈等画家，都画过豪宅阳台上休闲的士绅淑女，他们穿着时尚的衣服，眺望街景，或者在雨天手持雨伞，行走在街道上。

印象派并不只是一个技巧的画派，它与城市的时尚息息相关。马奈的画里出现人潮汹涌的啤酒屋，雷诺阿的画里出现舞会里相拥舞蹈的时尚男女，出现歌剧院包厢里的贵妇名媛，莫奈的画里出现公园野餐的士绅淑女，德加的画里出现有芭蕾舞、咖啡厅——不约而同，他们都在反映最初工商业都会形成的城市景象。

在农业时代，人们几乎没有时尚可言。农村人口强调朴实劳动，衣装也只是实用而已，或御寒，或方便劳动，没有特别时尚的概念。时尚的概念是在城市中产阶级形成之后的一种新的时代标志。

工商业城市一旦形成，城市的休闲娱乐生活就多起来了，巴黎的歌剧院刚刚盖好使用，成为中产阶级社交的重要场域。许多原是农业时代磨坊的闲置空间，被改建装饰成表演或交际场所，聚集了男男女女，相互炫耀各自的服饰装扮。社交活动里，时尚成为评头论足的主题，巴黎开始有了时尚业，时尚成为以后设计里重要的行业，时尚设计与巴黎的城市形成紧密相连，时尚的设计品牌也从此开始。

这些新的城市时尚景观，大量在印象派画作中出现。二〇一三年夏天，芝加哥美术馆还特别以"印象派时尚与现代"（Impressionism Fashion and Modernity）为主题，展出莫奈、雷诺阿的画作，也展出画作中人物身上实体的衣物。

德加一向不承认自己是印象派，他似乎也不像莫奈或雷诺阿那样如此兴奋地歌颂城市的时尚文明。

讨论德加有关时尚主题的画作，许多人会谈到因为与卡萨特交往，德加有机会常去女性时尚的服装店，陪卡萨特长时间在帽饰名店挑选帽子、试穿衣服，因此画了很多以女性时尚为主题的画作。

事实上，德加关心时尚与城市风景的创作可能比认识卡萨特更早。卡萨特常去时尚服饰店，的确触动德加对女性与时尚的主题做更深入的观察，创作更多作品，但他对时尚大都会的关心，早在一八七〇年前后就已经表现出来，他笔下的歌剧院、芭蕾舞、小酒馆、咖啡厅,甚至赛马主题,都可以作为他观看都会风景的系列表现。

德加观看眼前繁华,有他一向独特的孤寂感。我们可以拿出一件他在一八七六年画的《苦艾酒》(*L'Absinthe*)来做例子,说明他观看城市文明时不同的视角。

这张画也叫《咖啡馆一角》,在工商业都会城市形成之后,大街小巷多了很多小咖啡厅,可以喝咖啡、苦艾酒,可以用一点简餐,可以约会朋友,也可以无所事事,坐着发呆。

农业时代的人们很难想象要花钱去坐在咖啡馆里,喝一杯不会饱足的、苦苦的黑色饮料。因为城市形成,中产阶级需要娱乐、社交和休憩空间,咖啡馆才成为城市文明的新风景,成为生活的时尚主题。

马奈、莫奈或雷诺阿的笔下,这种咖啡馆、小酒馆,大多是热闹非凡的,拥挤着士绅淑女,灯光炫耀缤纷,每个人也都喜悦活泼,充满新的都会城市文明的蓬勃朝气。

我们回头来看德加这件《苦艾酒》,表现方式是多么不同于他同时代的画家。

画家像是静静躲在咖啡馆一个角落,静静看着午后的时光,看着眼前的陌生人。两名男女并排坐着,城市的空间形成,人与人很靠近,但并不熟悉,两个不相识的陌生人,并肩坐着,却似乎各自有各自的心事,各自在各自的冥想中,彼此无关,彼此疏离。

西方文明中现代人的疏离议题,第一次在绘画里被表现了出来。农村文化不会有疏离的问题,农村人口也不会有陌生人靠近的机会。

《苦艾酒》1875—1876

92 厘米 ×68 厘米，法国巴黎奥赛美术馆藏

疏离是都会繁华的标志，陌生人靠得很近，却彼此冷漠。人群拥挤，在热闹繁华中，人却特别孤独。

画中的女子，头上戴着时尚的帽子，穿着时尚的长裙、有花朵装饰的鞋子。她穿着时尚，显然是城市女性，下午无事，一人独坐喝酒。德加透视着这一女子的内心，她一脸茫然，面前一杯苦艾酒，酒杯泛着莹绿的冷冷的光，仿佛反映了人物的心事，仿佛反映了她内在的荒凉。

女子如此独自呆坐，心事重重。仿佛被坐在左下角刚看完报纸的画家看到了，画家把报纸放在桌上，勾勒下了一个午后咖啡馆里的城市现代人的落寞虚无。

右上角戴黑帽的男子，仿佛抽着烟，也一样无所事事，东张西望，然而他似乎看不到近在身边的女子的心事。

画面三张桌子，摆置的方式倾斜而不平衡。然而几条线都让人觉得左下角的画家是真正的视点所在。画家没有在画面出现，然而他是真正的观看者，或许也是咖啡馆一角真正隐藏着的看不见的孤独者吧。

德加捕捉城市风景的能力远远超过同代的印象派画家，印象派捕捉的城市风景，热闹炫耀，多是表层视觉的繁华，德加却透视到人的内在孤寂。

德加在如此平凡的生活素材里放进了深沉的哲学性思考：文明是什么？繁华是什么？为什么如此靠近，却又如此孤独？为什么如此繁华，却又如此虚无？他在一幅小小的画作里，开启了现代美学面对城市文明的新的困惑与质问。

文学里卡夫卡的《变形记》、加缪的《局外人》，戏剧里贝克特的《等待戈多》，都在触碰不能沟通的疏离感，许多创作者要到二十世纪，才能更精准地探讨人类城市都会文明疏离的主题。德加却提早在绘画里触碰到了，他如此敏锐地感到现代城市不可避免的心灵荒寂的现实。

这件作品里人物背后投射在墙面上的黑影，使人物和自己的影子产生疏离，仿佛人物之间是陌生的，人物和自己也是陌生的。荒凉的时间，荒凉的空间，像艾略特在长诗《荒原》里的画面，然而德加早在十九世纪，已经看到了，描绘出了每一个城市都会繁华都将要面临的心灵困境。

同一个时期，德加已经常常在咖啡馆里捕捉城市风景。像剑桥大学菲茨威廉博物馆里的一张创作于一八七七年的《咖啡馆》，画中两名女子，视角逼得很近，初看甚至会归类在人物肖像。但是德加关心的，已经不是传统人物肖像，而是更广阔的城市风景。工商业城市兴起以后，城市居民的生活、时尚、情绪、人与人的关系，这些，像城市市民日志一样，在德加的画中被记录下来，是美术，也是一个城市的时代文件。

画中两名女子，一位低头沉思，仿佛有心事，另外一位侧身询问，好像很关心。人物的背后有人的故事，肖像不再是一个静止的图像，人物被置放在时代社会的环境背景中，才有了丰富的故事性。画人物画的印象派其他画家很少像德加，能够如此书写人物内心世界。面对一件德加的作品，会想为画中人物写故事。他们像后来的电影，

《咖啡馆》1875—1877

64厘米×53.3厘米，英国剑桥大学菲茨威廉博物馆藏

颠覆了传统人物肖像绘画的静止空间，让人物有了声音，有了色彩，有了动作，有了心事的延续，他们使一个城市有了记忆。

看见繁华的背后

也许对德加而言，时尚也是一个时代的记忆。一般人看到时尚里的繁华，德加却在时尚繁华的背后，看见了繁华过去后的孤寂与荒凉。

德加在当时的女性时尚店长时间逗留，因为陪伴女性挑选帽子，让他有充分的理由逗留在男性不容易涉足的场域，让他可以长时间观察一名女性在精挑细选帽子以及丝带、花饰、帽针等配件时那种专注的表情。

他关心的其实不是时尚本身，他在一旁观察，仿佛也不是欣赏，而是一种研究，希望借此认识一种动作、一种习性、一种沉迷与陶醉吧。

女性在镜子里看着自己刚刚戴上的帽子，在镜子里观察检视是不是合适。德加旁观着，看着照镜子的女性，镜子隔断在画面中央，镜子遮挡了帽饰店女店员的脸，很奇特的构图。德加对日本浮世绘作品的兴趣，对东方扇面形式多视点拉开的研究，已经有一段时间，他把这种构图特色运用在帽饰店一系列作品中。人物不再是唯一主题，人物与镜子、人物与帽子、人物与环境，形成多焦距的互动关系，这是东方浮世绘美学的空间，德加用来做欧洲绘画的革命了。

《在女帽店》1882

76.2 厘米 ×86.4 厘米，美国纽约大都会艺术博物馆藏

这些作品大多完成在一八八二年至一八八五这几年，也正是德加与卡萨特交往最密切的时间。但是我们未必在画里会认出卡萨特，因为他关心的对象也的确不是一个特定人物，德加要画的是时尚，是城市风景，是一整个时代的生活记录。

特别应该注意他这一系列画作中，人物常常退到后方，展示在桌子上、架子上的各式各样的帽子，帽子上彩色鲜艳的丝带，花团锦簇的饰品，构成鲜明的前景，这些时尚物品仿佛才是德加要表现的主题。

那些被精心制作出来的帽子，一顶一顶，被女性挑选，戴在头上，是美丽的装饰。然而德加仿佛让这些帽子在他的画作中独立了出来，每一顶帽子都有它们独特的生命，不一定为人而存在。

一顶帽子，或一匹马，或一个舞者，都可能只为取悦他人而存在，然而德加愈来愈倾向于解放每一种物质，每一种生命，让他们只是独立存在的个体，有不依附他人的独立自主的存活意义。

收藏于芝加哥艺术博物馆的一件作品，德加较晚完成（约一八九〇年），是他这一系列中的杰作。这张画构图奇特，画家从高仰角的角度向下俯瞰，画面左侧是五顶展示的帽子，有的在帽架上，有的在桌子上，帽子上有镶饰的花，有丝带。

一位女士（卡萨特？）穿浅绿长裙，手中拿着一顶浅桃红色的帽子，正在仔细端详。这件作品的构图使人想到日本浮世绘版画，打破欧洲传统绘画的单一视点，使画面中的几顶帽子平面展开，仿佛让观画者也被邀请，参与挑选帽子。每一顶帽子都有独立空间，构图正中

《女帽店》1882

48.9 厘米 ×71.76 厘米，美国密苏里纳尔逊艺术博物馆藏

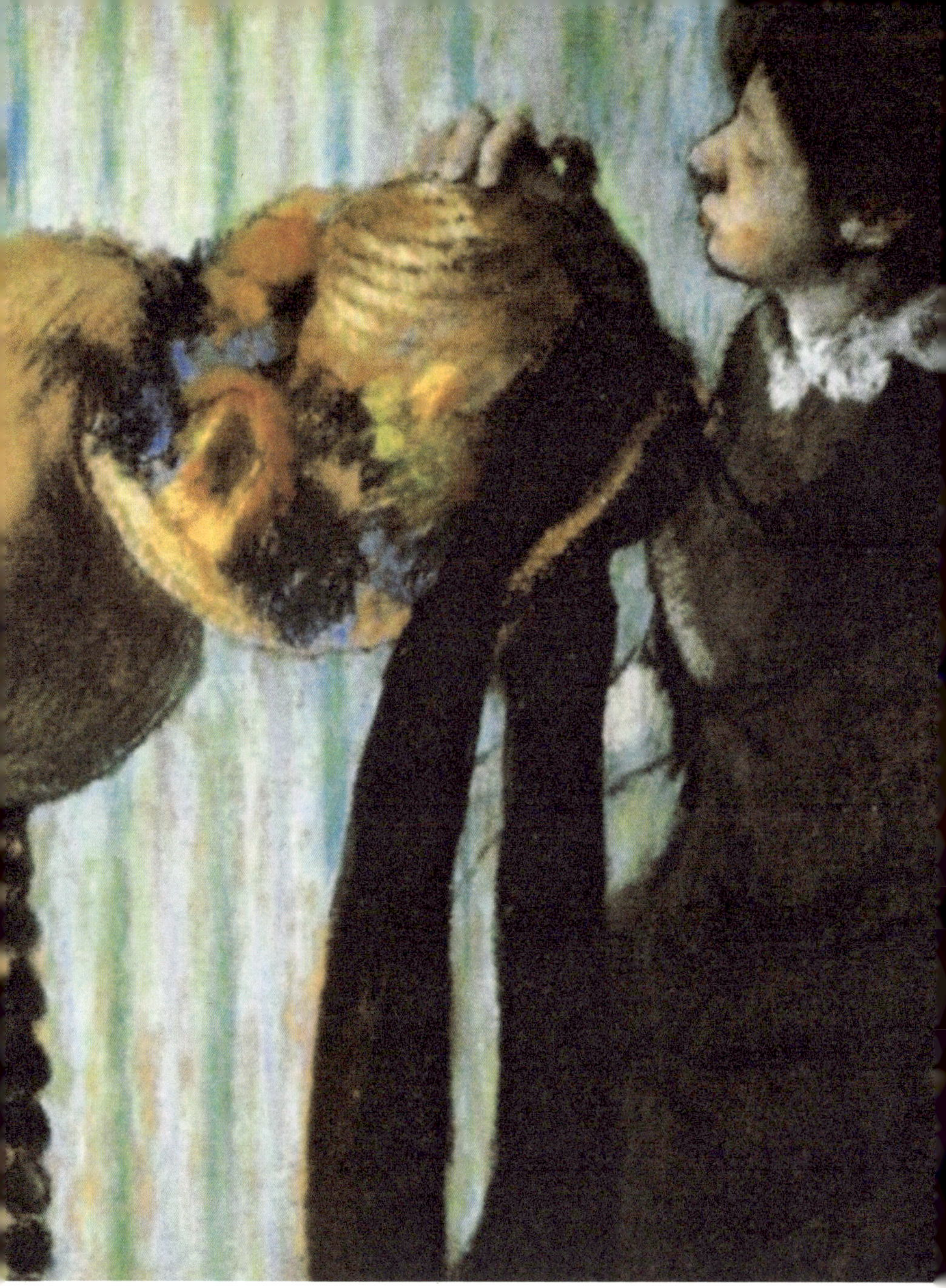

《在女帽店》1882
75.9 厘米 ×84.8 厘米，西班牙马德里提森 - 波涅米萨美术馆藏

《在女帽店》1905—1910

91 厘米 ×75 厘米，法国巴黎奥赛美术馆藏

《女帽店》1890

100厘米×110.7厘米，美国芝加哥艺术博物馆藏

《戴帽子的女人》1889
私人收藏

《镜子前的女人》1889
德国汉堡市立美术馆藏

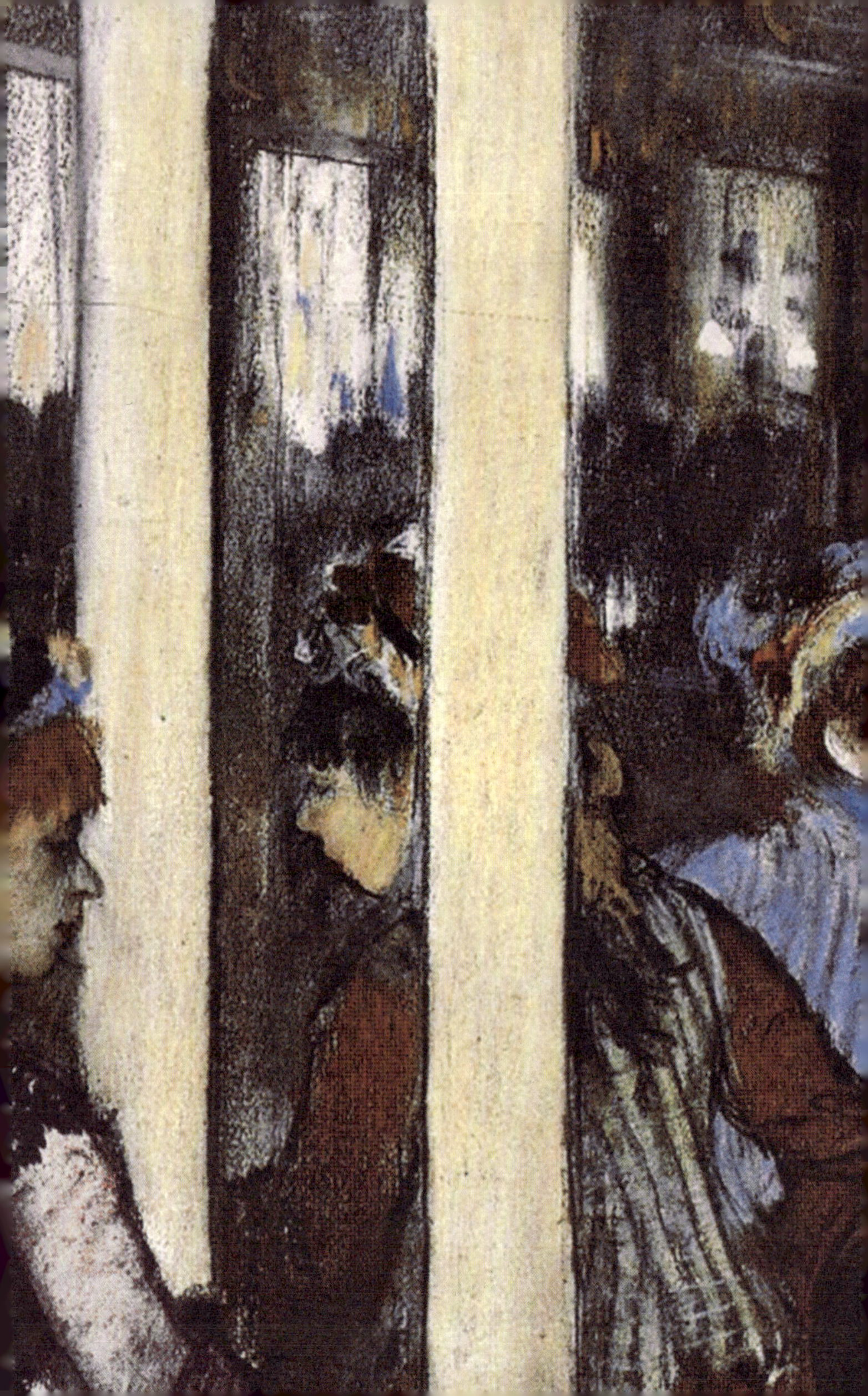

《咖啡厅的夜晚》1877
41厘米×60厘米，法国巴黎奥赛美术馆藏

央的一顶特别突出，一圈花饰，长长的绿色飘带的色块成为画面主题，浅草绿色的飘带垂下，连接着下方一顶明亮水蓝色的帽子。色块成为主题，像音乐节奏，人物倾斜一边，退在后方，反而变成陪衬。

在当时著名的女性帽饰店，德加长时间观察女性的试装，长时间观察每一顶帽子的装饰，留下了对当时时尚和城市风景惊人的细微观察。

德加的时尚系列，大约持续到二十世纪初，愈到后期，愈清楚看到他刻意降低了人物在画面的重要性。一九一〇年他七十六岁的一件帽子作品，现藏于奥赛美术馆，画面里一位女性正拿着一顶帽子，低头细心安装蓝色的饰带，旁边另一位女店员，也拿着一条蓝色饰带（绒毛或羽毛）给她。人物在这张画里沉暗不明显，女子穿的暗褐色长裙也不鲜明，反而是水蓝色的丝带成为画面最抢眼的部分，形成色块的构图。这种大胆颠覆，让画面抽象化，德加的先锋尝试，其实对二十世纪初的野兽派和表现主义都具有很大的启发意义。

德加在帽子服饰店做的一系列创作，构图都值得细细比对。女性在试戴帽子中，有许多特殊姿态，像专注，像陶醉，像检查，像替换角度，看在德加眼中，是一幅一幅有趣的画面。人在试装的时候，专注地看着镜子里的自己，会出现很多平日没有的姿态和表情，对于画家德加而言，这是难能可贵的资料，使他借此观察女性与时尚的关系，也借此观察人在时尚里自我的迷失或陶醉，像是最精心地挑选，却也可能是自我迷恋的失落，德加展开了时尚美学的主题，但关心的可能还是人性本身吧。

女性在时尚里可以长时间沉溺，乐此不疲，男性通常不耐烦守在旁边苦等，德加却在其中发现了乐趣。像女性细细审看镜子中的自己一样，德加也在细细审看他眼前的女性，使他时尚系列的作品，并没有停留在浮浅的表层，而是充满了丰富生动的人性观察。

德加关心时尚吗？

德加在城市的一个角落，看着男男女女走过，闲谈、热闹地聚集在一起，他用几根突兀的柱子分割画面，我们都看得出他受日本浮世绘对画面多元视点处理方式的影响，但是那些分割线又明显成为画面中人与人之间的阻隔，坐得如此靠近，但是每个人都封闭在自己的空间里，人与人疏离着，城市如此热闹，也如此荒芜。

我常常凝视着德加画中的女性，总觉得愈到后期，女性时尚的主题愈来愈不明显。无论是试戴帽子的女性，或是女店员，都像是一抹偶然涂在墙上的暗影，没有实质存在的身体，那样虚幻，也那样虚无荒凉。有时候对着镜子凝视的女人，镜子里的脸却因为反光，变成一片空白，没有五官，没有眼睛、鼻子、嘴巴，像是不能言语、无法观看的木偶，像一具没有灵魂的肉体，荒凉而令人恐惧，像佛经里说的"无明"，没有心灵与思想的状态。

对比着这些影子一样的人体，反而是那些色彩缤纷的丝带饰品，跳跃出来，让眼睛一亮。散置在桌面上的明黄、橘红、浅粉、水蓝，如此娇艳，如此自由抒放，像画面真正的主题，德加解构了故事性的写实，让色彩如蝶翼纷飞，创造了绘画的抽象世界。

愈到后期，德加对人物的时尚兴趣其实愈来愈低，假借着时尚，

《在女帽店》1882
美国洛杉矶盖提艺术中心藏

他似乎反而想透视人的心灵状态。印象派的画家，特别是雷诺阿，人物时尚总是光鲜亮丽，令人爱慕。德加却不同，他很早看穿了繁华背后的虚无，他更接近年轻他很多岁的高更，或表现主义的蒙克，剥开了时尚的物质性，直接解剖人物内心世界的荒凉深度。

　　德加事实上更具备现代性，更接近二十世纪初的许多现代绘画艺术流派。

洗衣女工

德加的城市风景种类很广，有赛马场，有歌剧院，有咖啡厅，有贵妇人出入的时尚帽饰店或服装店，大部分是城市中产阶级涉足的领域。但是他也有一系列以洗衣女工为主题的画作，描写最低阶层的洗衣劳动者，或抱着大捆刚洗完的沉甸甸的衣物，或不断洗衣、熨烫衣服，面容疲累、困倦，打着呵欠，用全身的力气压在熨斗上。这些劳动者，在艰困中生活的面貌，不容易在前期印象派的画作中看到，莫奈、雷诺阿的作品，都很少触及劳动阶层，要晚到后期印象派的梵高，因为在煤矿区工作，画中才大量出现劳动者的身影。因此，在一八七〇前后德加以洗衣女工做系列绘画主题，在当时可以说是一个特例。

德加关心的城市，并不只是由中产阶级构成的繁华热闹的城市。他同时看到繁华的边缘，许多劳苦卑微的生存者，许多孤独寂寞的心灵，或为一点温饱，付出辛苦的体力劳动，或郁郁蜷缩，孤独无助，栖身于城市一角。这些微小如灰尘的生命，德加都看到了，他凝视着这些卑微求活的生命，观看、记录、图绘，充满悲悯与包容。

有评论家认为德加的洗衣女工系列是受作家左拉小说《小酒店》的影响，小说里的女主人绮尔维丝曾经是工作辛劳的巴黎洗衣女工。但是左拉的《小酒店》出版于一八七七年，德加最早的洗衣女工作品却可以追溯到一八六九年。

现藏于慕尼黑美术博物馆的一件作品，一名女工呈正面，拿着熨斗，正在熨烫床单或窗帘，后面吊挂着一些清洗的衣物。画面很写实，只是单纯女工动作的记录，还没有后来这一系列作品明显的画家情感的投入。

同一年，现存于奥赛美术馆一件粉彩速写的熨衣女工，也几乎是一样的姿态，围着蓝色围裙，正在熨烫衣物，但这件作品里的女工，神情上多了一些落寞疲倦。可以看出来，德加最早的"洗衣女工"系列，只是从很单纯的记录开始，大多是正面，人物脸部五官的细节也比较多，很少对于人物与环境的氛围处理。

德加的洗衣女工绘画，比左拉的小说《小酒店》早了将近十年，德加的画作因此不应该是受左拉文学的启发，但是美术史上，德加却并不是画洗衣女工的第一人。

美术史上，比德加早一代的写实主义画家杜米埃，在一八六三年就创作过著名的《洗衣妇》（现存于巴黎奥赛美术馆）。这张名作当年曾经引起很多人注意，那时德加已经快三十岁，正是狂热的美术青年，因此，他应该知道，也一定受到了启发。

杜米埃的《洗衣妇》，画面上一名洗衣女工，左手抱着一大篮刚洗完的沉重的湿衣物，右手牵着孩子，从河边阶梯走上来。

　　德加后来也画过几乎同样主题的画作，一八七八年他创作的一件《洗衣女工》，画中两名女工，手中提着篮子，篮子里也是刚洗完的沉重衣物。好像因为篮子太重了，两名女工都倾斜着身体，用整个身体平衡篮子的重量。这样的画法投注了画家对洗衣女工的劳苦强烈的关注。

　　大约在一八七四年前后，印象派刚刚诞生的同时，德加对洗衣女工系列的主题已经有非常成熟的表现。

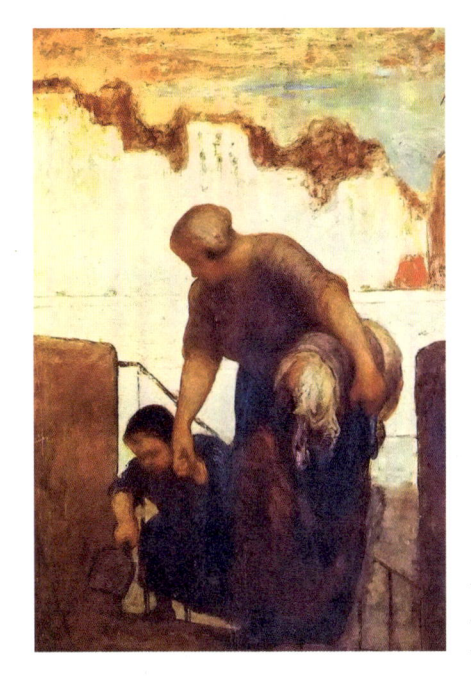

杜米埃《洗衣妇》

《洗衣女工》1878
私人收藏

《熨衣女工》1876—1887

81.3 厘米 ×66 厘米，美国华盛顿国家美术馆藏

《熨衣女工》1869
92.5 厘米 ×74 厘米，德国慕尼黑美术博物馆藏

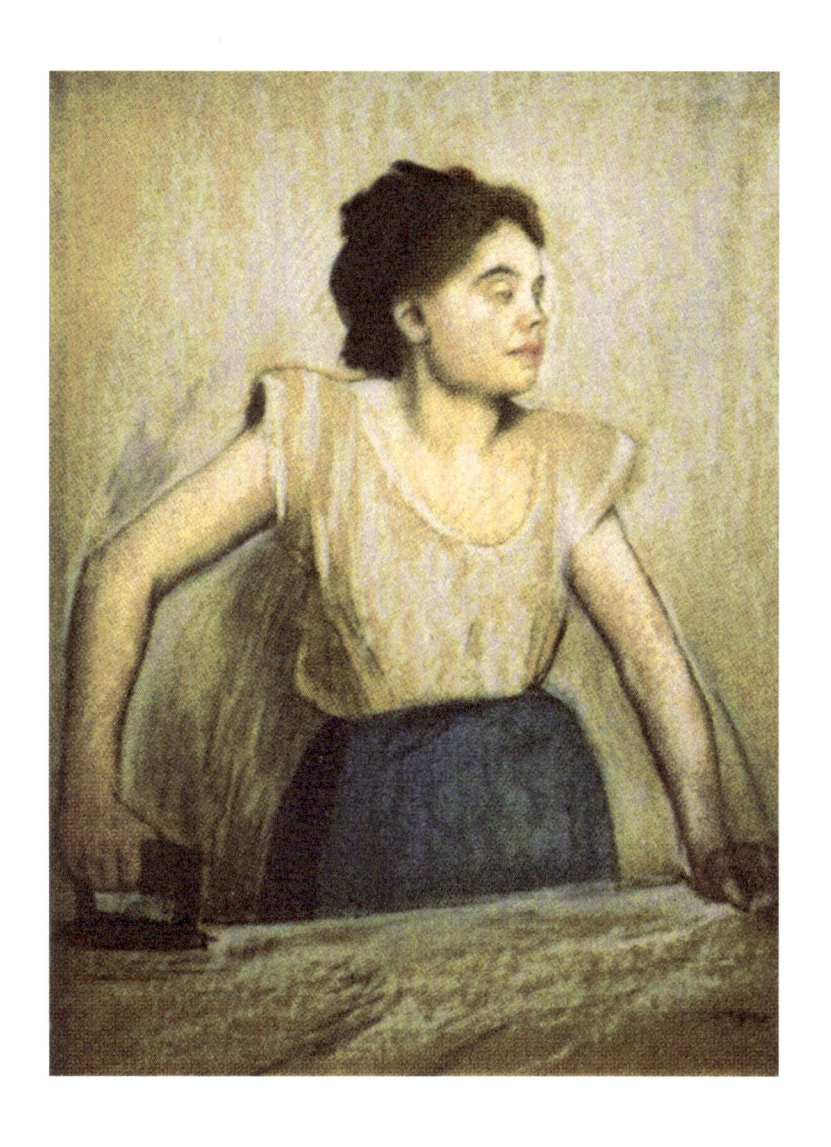

《熨衣女工》1869

74 厘米 ×61 厘米，法国巴黎奥赛美术馆藏

一八七三年现藏于洛杉矶诺顿美术馆的《洗衣女工》，画面单一，一名工人正在熨烫衣物。背景非常单纯，几乎全白，仿佛垂挂着几条布，女工用身体的重量压着熨斗，熨斗下面也是白色，床单或桌巾。女工的上衣也是白色的，仿佛因为太热，她的前襟也松开了。在大片白色中，女工的脸庞显得特别赤红，或许是因为劳动，或许是因为熨斗的烫热，她两颊发红，却没有什么表情，或许太疲倦了，双手紧紧叠压在熨斗柄上，仿佛休息片刻，静止成为一尊雕塑。

纽约大都会艺术博物馆的一件作品，只晚一年，画中也是女工正在熨烫衣物，用背光画法，人物只有轮廓，在暗影中，看不清细节，因此反而更凸显了人物动作的雕塑性。

德加的意图非常明显，他改变了画法，不再是要强调人物的细节。劳动者脸上五官的表情不是他要重视的，他重视的是一种长时间劳动里人物的身体轮廓姿态，仿佛不断在生活里重复的动作，会让身体形成一种像雕塑般的庄严。

德加对城市风景的观察，其实还是和同时代印象派不同，他始终关心生命在时间里的永恒性。无论是跳芭蕾舞的身体、冲刺中的马、在衣帽间的镜子中凝视自己的身体，还是洗衣、熨衣到疲惫不堪的身体，或更晚一点，他关心的女性沐浴中的裸体，德加都一视同仁，看到一种为自己身体找到存在意义的尊严。他的绘画，因此在流动的时间里常常静止，成为一种雕塑性的永恒。

这件作品在人物的暗影周边闪亮着光，笔触活泼自由，双手和熨斗周边的白色线条肌理像是白色的布，又像是户外光的反射，德加

《洗衣女工》1873

25.1 厘米 ×19.4 厘米，美国洛杉矶诺顿美术馆藏

《洗衣女工》1874

54.3 厘米 ×39.4 厘米，美国纽约大都会艺术博物馆藏

对人物冷静观察，没有煽动性的滥情，沉稳、内敛、写实，又极其古典。

一八七三年至一八七四年的这两件《洗衣女工》，已经可以看到德加在这一主题上极其成熟的表现。和杜米埃一样，他们当然都有对自己笔下人物劳苦的悲悯同情，但是一位好的艺术家，也一定知道如何节制自己的同情，情绪不泛滥，才能展开真正人性内在的尊严与华贵，杜米埃如此，德加也如此。

长达十年的观察入微

德加在同一个熨烫衣物的动作里不断重复练习，有时候几乎是同样的动作，同样的角度，同样背光的处理方式，但是在不同年代，从一八七三年到一八八四年，十年间，他把一个主题发挥到淋漓尽致。

利物浦沃克美术馆的一件《熨衣女工》，增加了一些非常细微的色彩关系。女工身上的粉红、暗蓝色的裙子，以及熨衣板上绿色调性的花布，三种色彩，在室内幽微的光中产生微妙的互动，然而人物还是背面，没有清晰的五官，沉默无言，却如此忧愁，让画面荡漾着一种不可解的忧伤阴郁气氛。把十年间德加同一主题的作品排列起来观察，就可以清楚看到他在十年间的变化，看到一个创作者如何从一个原点，不断延续累积经验，达到愈来愈精炼纯粹的高峰。

德加洗衣女工系列到一八八二年以后达到高峰，出现了一批非常杰出的作品，他开始把前十年所做的各种动作速写的研究累积起来，对洗衣、熨衣的劳动做更深入的表现。

也许因为长时间以女工做模特儿，德加对她们工作的习性有更细微的观察，不只是工作中的动作，也同时关注到一天中可能长达十小时以上的劳动。在那一时代，工人生活没有保障，工时很长，没有工会制度，劳工常常工作长达十五小时一天。同一个工作不断重复，人的身体因此产生的本能反应，例如颈部的酸痛僵硬，会自然用手去按摩，或者因为长时间单调的工作产生的不能自制的困倦，不自主打呵欠的动作，这些，在德加画的洗衣女工系列的初期作品中，都还没有出现，然而过了一八八二年，他的洗衣女工系列开始有了这些细微的人的表情，也有更具体、更丰富的画家自己的关心，投射在画中人物身上，德加对洗衣女工的感情愈来愈深了。

两名女工并排在工作台前忙碌，右边的一位低着头，双手用力压在熨斗上，用全身的力量压下去，这样的动作，一天不知要重复多少次，工作者仿佛麻木了，没有任何表情，只是日复一日，耗尽自己的生命，重复做一个动作。

这是我们熟悉的德加笔下洗衣女工的动作，在十年间，他画了无数次，然而，他开始在这样的动作旁加进了另一个主题，左侧的女工，右手拿着一个水瓶，左手不自主伸到颈部后面，仿佛按摩着极度僵硬酸痛的一条筋，在工作里过度使用没有放松的部分。这个女工张口打着呵欠，德加快速勾勒下来。

两个女工之间有极其有趣的呼应对比，一个沉溺于工作中，对周

《熨衣女工》1892—1895
81 厘米 ×66 厘米，英国利物浦沃克美术馆藏

遭一切无知无觉，另一个才刚偷空休息一下，喝口水，就发现自己的身体已经疲劳困倦到不行，全身都酸痛紧绷，连打呵欠。

要用十年的时间去如此历练一个主题吗？德加在他一生的画作中，总是一系列一系列做同一主题的长时间实验。

他自己本身也许就像这些女工，就像他笔下的芭蕾舞者，像他笔下的马，一而再，再而三，不断在一个工作里把自己的身体练到极致，德加仿佛用绘画在向身体的历练致敬。工作本来也许并无意义，但是不放弃，锲而不舍，就是律动的价值所在吗，就是疲累困倦的代价吗？

现藏于奥赛美术馆创作于一八八六年的《洗衣女工》，可以说是他这一系列研究最后的集大成之作，也是他总结经验创作洗衣女工系列的最高峰。

这一系列作品，值得细细比对，画面都是两名洗衣女工，构图上一条斜线，从左下角向右上横跨，那是洗衣女工熨烫衣服物件的桌子。桌子上有正在整理的白衬衫，一名女工仍然双手全力压在熨斗上，要把布料上的皱褶熨平。

比较他同一主题的两件作品，有一件桌子上摆置了一叠烫好的白衬衫，有硬挺的圆形领圈。德加好像观察着很微小的细节，例如熨衣服时可能要用到的装水的陶碗，陶碗摆放的位置有时候在中央，有时候移到右上方，他的画面里这些小物件产生着有趣的平衡，很像塞尚后期画作里的一颗苹果、柠檬或一把小刀，不再只是物件，而是画面构图里平衡位置和平衡景深的重要关系。

右侧打呵欠的女性，初看仿佛没有变化，但是细看会发现德加也在做细微的调整，右手拿着的玻璃瓶，或靠在桌子上，或被一叠熨烫好的白衬衫遮住，可能都是德加思考画面的构图关系的结果。

这样对比德加两件同一主题的作品，可以看到他如何理性冷静地处理画面，他的创作过程和激情热烈的梵高不同，不是当下的冲动，他始终用很安静的眼睛凝视着眼前的物象，思考画面构图的可能性，思考画面色彩的可能性。像围在右侧女子胸前的围巾，赭黄、赭褐，一点点的变化，呼应着下面或浅蓝或葱绿的裙子的色块。

德加的同一主题画作，一点些微的变化、调整，都能看到他对构图与色彩的讲究，他在某些部分的确更接近塞尚，充满理性知性的思考，不让情绪随意泛滥，使他们的画作愈到后期愈凝练出纯粹的美学特质。

关心弱势，与政治、主义无涉

十九世纪的法国都会，在工商业资本集中后，表现出中产阶级的繁华，但是都会边缘底层的工人阶级，原来靠小农经济存活的农民，也承受了更大的压迫。一八四〇年前后，写实主义兴起，无论文学上的巴尔扎克、福楼拜，还是更晚的左拉，都用他们的书为社会下层的小市民或工人农民阶级发起申诉，社会思潮上广义的社会主义（包括无政府主义、共产主义）也都如风起云涌，在广大群众间掀起浪涛。

《洗衣女工》1884
40.6 厘米 ×40.6 厘米，美国洛杉矶诺顿美术馆藏

《洗衣女工》1884—1886

76厘米×81厘米，法国巴黎奥赛美术馆藏

哲学思潮与文学作品的带动，使社会有广泛的反省。美术上的写实主义也蓬勃兴起，杜米埃、库尔贝、米勒，都在他们一八六〇年前后的画作里表现了工人或农民的形象。杜米埃画《洗衣妇》，库尔贝画《打石工》，米勒画土地上靠拾穗为生的农民……这些，都是美术与社会思潮之间明显的互动。

一八七一年，巴黎发生巴黎公社运动，这是人类历史上第一次无产阶级的有意识的聚集，也是历史上第一次共产主义的革命。虽然被政府镇压，许多革命者殉难，但当时影响了许多艺术创作者，也一定程度上让艺术家感染到时代的氛围，有了对城市成员不同的看法吧！

德加的洗衣女工主题，与整个时代的趋势息息相关。

但是，有趣的是，印象派同时代的画家，像莫奈与雷诺阿，他们的画作里其实很少表现工人或农民。

德加出身贵族和大资本家的银行金融世家，以出身而论，德加或许应该是最没有条件关心工人或农民阶级的。然而恰好相反，德加比他同一时代的许多出身卑微的画家更介入社会边缘角色的关切与表现，最早是洗衣女工，后来则大量挖掘妓院、妓女等题材。

在十九世纪波澜壮阔的法国历史中成长，德加从一个出身洁癖的贵族，一点一点剥去他自己身上骄矜高贵的基因，脱胎换骨，让自己跟所处的时代一起成长。

严格说来，他并不是一个社会思潮上极端左派的艺术家，在"德雷福斯事件"发生时，他也并不随波趋附大多数民意。他独持己见，站在法院判决的一边，和左拉对立，也和大多数印象派的朋友对立，被抨击为保守派。

德加的关于社会边缘人的描写，也不是任何政治立场或主义教条的驱使。他的洗衣女工，他更晚期的妓女主题，仿佛都只是呈现着本质上对人的关心。人，一个在生活中辛苦存在的个人，就在德加面前，始终是他静静观看凝视的对象，他的作品中，这些真实的人，不是教条的工具，不是政治或阶级的符号，他们是有血有肉的个体，德加凝视着，有着对生活最深的悲悯。对一个优秀的创作者而言，最深的悲悯，并不是口号，无法简化成教条或主义，而是长时间冷静到近似无动于衷的凝视。德加的安静，不夸张，看似无动于衷，却恰好是他最耐人寻味的地方。

很少有人能够理解，无动于衷可能是创作者多么深情而高贵的品质。

历史上不乏有为政治口号服务的文学和绘画，激动、煽情、夸张，其实对文学或绘画的对象并没有一丝情感，只是在政治口号前作态而已。

德加却在每一张《洗衣女工》里审视自己，自觉身上的贵族血脉，反省自己身上的骄傲与洁癖，对比自己曾经有过的富裕与繁华。德加眼前的洗衣女工便介入了他自己的生命处境，从卑微辛劳里升华出人的最纯粹的品质，可以如此动人。

芭蕾与表演

德加一生触碰过许多不同的作品主题,但是对一般大众而言,大家最熟悉的,莫过于芭蕾舞这一题材。

芭蕾舞系列作品,的确在德加作品中占极大的比例。从一八七〇年开始,芭蕾主题一直贯穿他各个不同时期,也可以借此主题,观察他在材料使用、技法变化上的断代分期。

当然,对一般大众而言,芭蕾舞的主题——舞者的衣服色彩缤纷华丽,舞者的姿态婀娜曼妙,都是最容易使大众赏心悦目的讨好的画面。

欧洲工业革命后,工商业的大都会快速形成,像巴黎这一类的城市,很快就聚集起新兴的中产阶级。中产市民阶层,需要休闲娱乐的生活,新形态的城市就快速出现提供市民休憩的咖啡馆、啤酒屋,夜晚娱乐的歌剧院、歌舞厅等表演场所。

中产的市民阶层,不只是坐咖啡厅,看歌剧、芭蕾表演。他们出入这些场合,穿着、言谈、举止,都动见观瞻,如果是社会名流,甚至引起小报杂志报道，或被赞扬夸耀，或被批评抨击。

中产阶级与表演艺术的公开场域，形成一种微妙互动，他们看表演，也看观众，到达现场的观众，也同时是表演者，表演他们的时尚服装，表演他们的语言修辞，表演他们的仪态举止。

围绕表演艺术，其实形成了一个社会中产市民阶层重要的社交活动。

在印象派的画家中，不乏表现歌剧院表演艺术的画家。像雷诺阿，他画中的歌剧院包厢里，坐着发饰、衣衫、珠宝配件都光鲜亮丽的贵妇人，那是一个时代的社会精英，他们看表演，也同时是被社交群众观看的对象。雷诺阿的画里，绅士们常常拿着望远镜看其他包厢里的名媛淑女，含笑点头，或社交，或传达爱意。印象派以歌剧院为主题的画作里，其实更耐人寻味的是中产阶级的人际关系。女画家卡萨特也画过歌剧院包厢，她的包厢里是衣着入时的女士，拿着讲究的望远镜，仿佛观看，仿佛寻找，望远镜的另一端不一定是舞台，不一定是表演者，也可能是另一个包厢里的绅士或淑女。

印象派画作里大量的歌剧院、表演厅，都与一个时代形成的中产阶级时尚有关。

这些时尚一旦形成，就与歌唱、舞蹈、表演本身不完全相关。参与社交活动，展现社交活力，在表演的公开场域，社会的新兴权贵阶级很快借着这些音乐、舞蹈或其他艺术的活动，建立起自己的文化信仰。

富有、权力，必须被包装，被文化包装，因此形成主流阶级的教

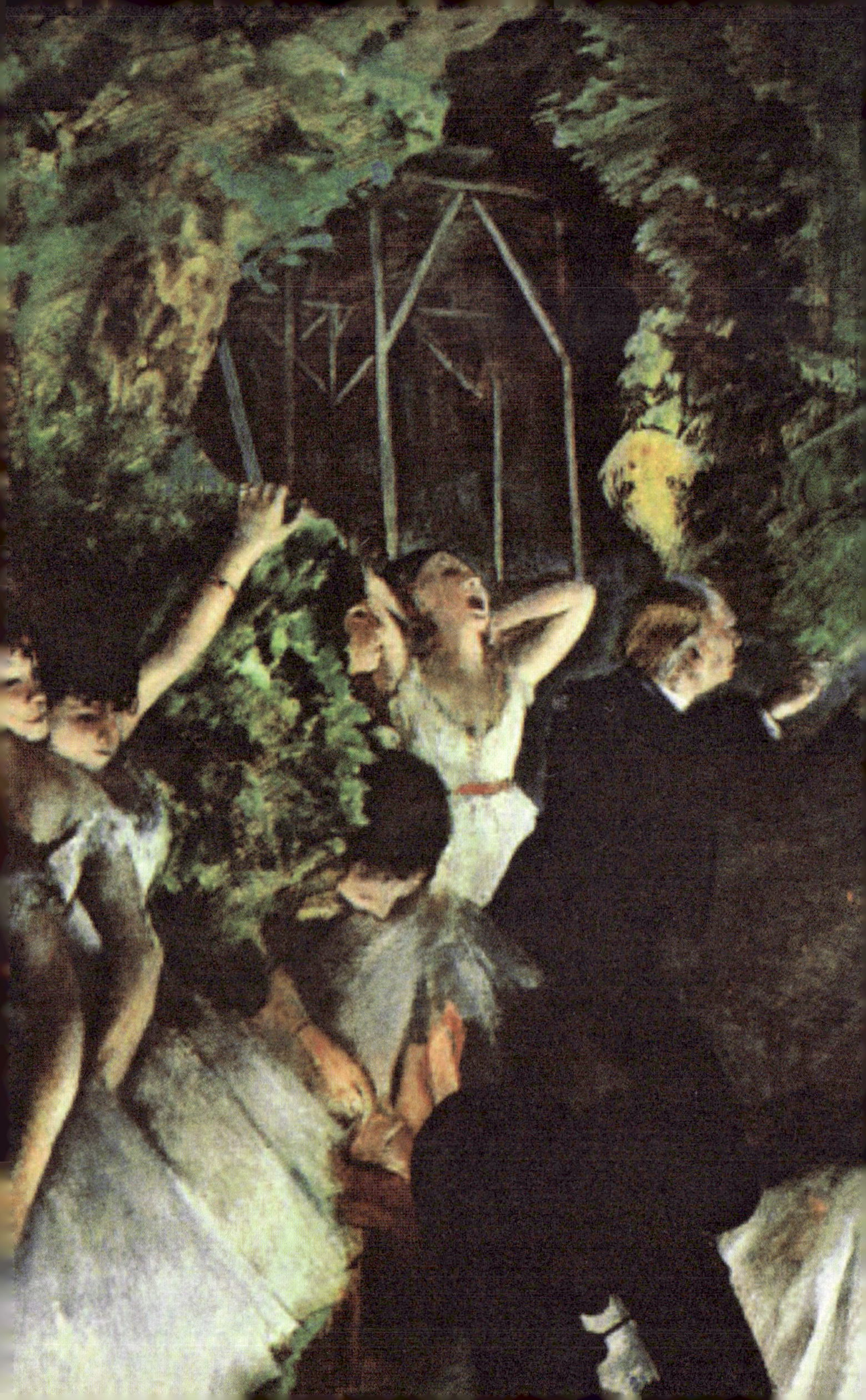

《芭蕾排演》1874
54.3厘米×73厘米，法国巴黎奥赛美术馆藏

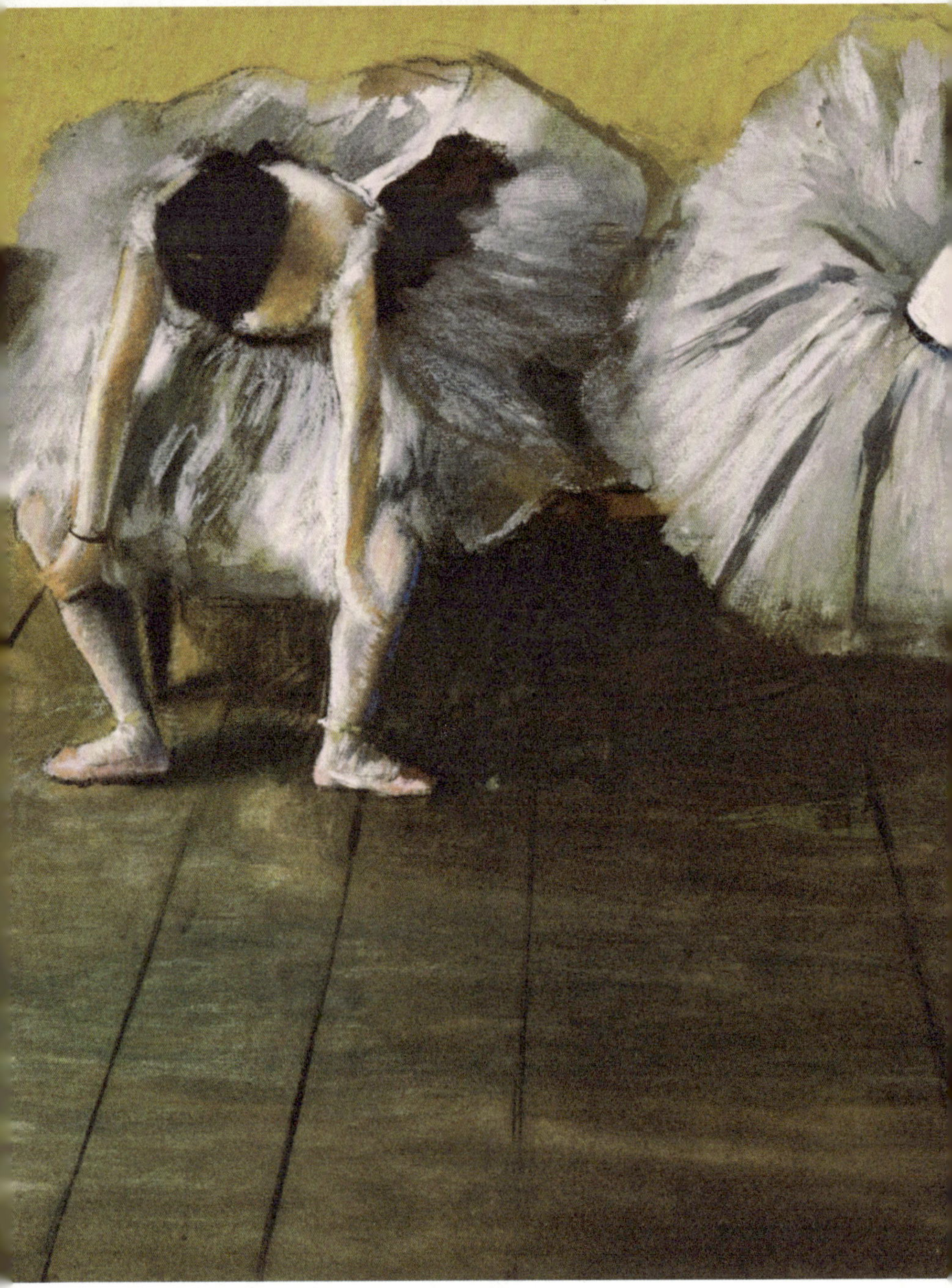

《两个舞者》 1879
美国佛蒙特州谢尔本美术馆藏

育与美学信仰或策略。通过这种教育策略，巴黎中产阶级家庭的孩子，通常必须要有文学、美术、音乐、舞蹈多种艺术的训练。文化是一种包装，一种策略，但也是必然逐渐形成的一种信仰。

中产市民阶层的孩子，从小学朗诵诗，学习小提琴、钢琴，学习绘画，学习舞蹈。各种形态的艺术，形成中产市民家庭不可或缺的一种时尚。

马奈的夫人苏珊，就曾经是他家里聘任的钢琴老师。德加画里许多学习芭蕾舞的小舞者，大概也可以用来作为对一个时代时尚的另一种观察。时尚不一定被狭窄地定位为衣服、帽子，时尚更核心的意义，其实是一个时代大众崇尚的精神现象吧。

巴黎只是最早形成中产阶级主流的城市，接下来，伦敦、纽约、东京、上海，都一样会朝同一个方向发展。今天中国台湾的台北、高雄、台中，其实不难看到德加在一百年前描绘的社会时尚。

歌剧院将要兴建启用，中产家庭的孩子要上钢琴课、小提琴课，学习芭蕾舞，今天中国台湾的都会，一定也可以印证当初巴黎的社会现象。德加笔下拥挤在舞蹈教室苦练拉筋举脚的少女们，也与我们今日社会的时尚画面十分相似，可以一起比对了。

因此，德加的芭蕾舞系列一定会在更多国家、更多社会受到欢迎，他只是在一百多年前预见了所有大都会形成的一种必然景象。

我常常觉得德加是深刻的思考者，以他的芭蕾舞系列来看，与当时印象派画家的观看角度并不相同。

雷诺阿或卡萨特，他们笔下的歌剧院还是在表现观众，表现中产

《彩排》1873—1878
美国哈佛大学福格艺术博物馆藏

阶级的主人——绅士或淑女，德加关心的却是舞台上的表演者。这有点像他画的赛马，许多画家画的是去观看赛马的市民中产阶级的群众，德加画的却主要是骑士与马。

德加的芭蕾舞系列，视角始终在舞者身上，他并不表现观众。

德加思考自己眼前的社会，似乎一直在想：谁是真正的主人？

德加走进歌剧院，他和雷诺阿、卡萨特看到的场景不同，雷诺阿、卡萨特的焦点在衣着时尚光鲜亮丽的观众，德加却一直关心着表演者、乐手或舞者。

德加最早与芭蕾舞有关的作品，主题似乎并不是舞台上的芭蕾舞者。一八六八至一八六九年，他在当时还位于珀勒蒂埃街（rue le Peletier）的旧歌剧院就开始介入表演艺术，画了一些以歌剧院演出为主题的画作。

大约画于一八六九年的一张《乐团演奏》，画面下端近四分之三的近景画的是乐队。最前端有吹巴松管的，有拉低音大提琴的，再远一点，几乎可以看到整个乐团大部分编制的乐师。

乐团后方，在画面的最上端，远远地可以看到舞台上穿粉红芭蕾舞衣的舞者，并不完整，只看得到身体下半部。显然，德加这张画里的主题并不是芭蕾，而是乐团，芭蕾舞者只是背景。

德加当时有一位朋友狄侯（Desire Dihau）就在乐团工作，吹巴松管，也因此德加有很多机会坐在乐团前方的位置做现场素描。一般说来，舞蹈表演的主角是舞者，乐团现场演奏，但多在隐藏的位置，除了谢幕，一般观众不太会看到。但是德加或许因为对朋友演出的关心，或许是因为坐的位置角度，使他画下了这一张很特殊的作品，这也是他触碰表演艺术、涉足歌剧院的最早作品之一。几乎同样构图的作品，德加在一八七〇年以后又画了几次。

一八七二年创作，现藏于法兰克福市施泰德艺术馆的这一件作品，乐团的视点缩小了，画面只出现少数三四位乐师的头部，很显然，德加把镜头逼近了，让远处舞台上的舞者拉近，能够全部被看到，德加的视觉焦点已经从乐团转向舞者了。

德加后来愈来愈投入对表演艺术的关心，乐手的演奏比较静态，他因此把注意力转向原来并没有作为主题的舞者，舞者身体的律动正是他长时间关心的主题，他曾经不断捕捉骑士与马的律动，现在他发现舞者身上肌肉骨骼的变化，对韵律、速度、动与静的掌握，也一样如此迷人。

德加的关心一旦转到舞者，他就像一位认真的研究者，不但在舞台边看舞者演出，也开始进入舞蹈学校，跟舞者一起上课，在舞者每一天的排练场，速写她们日复一日做的身体功课。

德加与乐师朋友的熟悉，让他接近了歌剧院看表演，也同时启发了他对芭蕾舞训练的兴趣。

纽约大都会艺术博物馆一幅《舞蹈教室》创作于一八七〇年，很明显，德加在绘画上觉得自己光是在表演现场看演出是不够的。他一旦对芭蕾发生了兴趣，就开始锲而不舍练习，时常到舞蹈教室报到，长时间观察一个舞者在日常生活里对自己身体的严格训练。画面左侧是一架钢琴，紧靠钢琴，老年的乐师正在拉小提琴，似乎为一名舞者

《乐团》1872

69厘米×49厘米，德国法兰克福施泰德艺术馆藏

《乐团演奏》1869

56.5厘米×46.2厘米，法国巴黎奥赛美术馆藏

伴奏。画面中央一名舞者摆出姿势，她身后一面大镜子，映照出背影。旁边两侧的舞者有的在观看，有的靠在把杆上练功。

这是一个舞蹈排练教室的场景，德加一定发现这样日复一日严格的训练才能成就一名舞台上优秀的舞者。然而，千锤百炼的基本功，一举手，一抬足，在舞台上却可能只是几秒钟就过去了。德加对艺术里基本功的千锤百炼有一种关心，这使他在芭蕾舞的主题上一直锲而不舍地画下去，仿佛他也必须在画布上这样千锤百炼，才能成就一件好的绘画作品。

德加有关舞蹈教室的作品很多，哈佛大学福格艺术博物馆有一件一八七八年的画作，奥赛美术馆有一件一八七六年的，可以看到他在舞蹈教室做的功课，留下了那一时代芭蕾舞训练的各个方面。

现藏于奥赛美术馆一件一八七六年完成的《舞蹈教室》，忠实记录了当时启用新歌剧院以后舞蹈排练的场地，画面中央位置站立的正是当时首屈一指的芭蕾老师佩罗（Jules Perrot），佩罗曾经是舞者，也曾经是编舞家，他担任过圣彼得堡皇家芭蕾剧院的总监，后来回巴黎担任新歌剧院的芭蕾总监。德加画这张作品时佩罗六十五岁，一头白发，双手持杖，极有威严地监督着舞者的动作。这件作品采取的角度也非常有趣，虽然老师佩罗居中央的位置，但是画面近景反而是两名舞者，她们背对画面，一舞者站立，腰系绿色丝带，很专心在看着佩罗老师；另一名舞者仿佛坐在钢琴上，系橘黄色腰带，她左手伸到背后，仿佛背脊僵硬酸痛，正在用手按摩。德加对人的动作有极细微的观察。舞蹈教室的主题似乎是舞者的表演，舞者在老师教导下做动作，修正动作。然而在老师看不到的角落，却正是画家眼前看得最清楚的位置，德加画下了舞者不断练功下身体的僵硬疲倦。这是德加非常特殊的部分，他总是在表演里看到背后属于人的真正面貌。

用这个角度观察，会发现德加在表演的现场，不只是看表演本身。如果表演是刻意做出来给他人看的自己，德加仿佛希望能捕捉到真正属于人的本质动作。没有在舞台上，没有观众，不需要为愉悦他人而装腔作态，那时候一个舞者会有什么令人感动的动作，是压抑在舞者的职业下属于人的真实动作。

《佩罗老师》1850

《佩罗老师》1875
47.9 厘米 ×29.8 厘米，美国费城美术馆藏

《舞蹈教室》1873—1876

85 厘米 ×75 厘米，法国巴黎奥赛美术馆藏

《舞蹈教室》1870

19.7厘米×27厘米，美国纽约大都会艺术博物馆藏

关怀与同情

我想这是德加美学最耐人寻味的核心，他关心人，远超过关心艺术。他也希望剥开艺术的包装，看到更真实的一个人内在的表情与动作。

一名舞者，因为不断练功，最后身体上的痛，会在不经意的时候流露出来，德加快速捕捉下来，他正是要发现这种人性最不自知的真实流露吧。

舞者不经意伸手按摩背脊或颈部的动作，一般只看舞台表演的观众是看不到的，也不会关心。但是德加看到了，不止一次，德加重复画着同一个动作，仿佛那舞者身体上的痛，也是他身上的痛。从舞蹈教室，到舞台的正式排练或表演，德加都看到那不经意流露的动作，不属于舞台，却那么真实。一八七四年，现藏于奥赛美术馆的一件《芭蕾排演》，舞台中央有几名舞者正在翩翩起舞，但是德加还是把画面的近景给了几名观众位置看不到的舞者。因为观众看不到，所以她们站立在舞台边缘，或双手背在身后沉思；或坐在一边，用右手按摩后面肩颈部位；有的低头整理鞋带；有的双手向上，护住后颈部，向后做伸展动作。

许多观众看不到的动作，许多在舞台上不容许出现的动作，许多在艺术上被认为不美观的动作，却被画家一一看到，快速速写下来，或用刚刚流行起来的照相机拍摄下来，作为德加关心的一种人的动作被记录下来。

也有一些评论者认为，德加因为使用照相机记录，这一段时间，出现了比较类似黑白照片单色系的作品。

同样的构图德加在一八七四年又画了一次，恢复了色彩的丰富性，现藏于纽约大都会艺术博物馆的一幅《芭蕾排演》，舞台上多了排练老师、总监和工作人员，乐团指挥认真介入，但是画面上舞者按摩肩颈、伸懒腰、系鞋带的动作还是很突出，可以对比德加始终把关心的最前景给予非表演性的动作。

大概经过十年对"芭蕾舞"主题的全面观察，德加的笔下，芭蕾不再只是一种表演，他逐渐观察到围绕芭蕾的活动形成的特殊城市风景，例如，芭蕾不只是舞者的世界，有多少父母亲人介入孩子学习舞蹈中。母亲或女管家，陪伴孩子去上芭蕾舞课，等待甄选舞者，等待排练，等待舞台演出，等待演完谢幕——许多只关心芭蕾作为表演的观众，看不到的这许许多多的画面，也一一在德加笔下出现了。一八八一年至一八八二年，他连续处理了这一类题材，芭蕾不是表演，也仿佛与艺术无关，德加看着舞者，或做重复的把杆动作，或伸展腰腿，旁边坐着无事看报纸的女性。她是谁？她陪伴谁来？德加的画里总是有人的故事可以追问。

一名女性，陪伴舞者坐在教室外的板凳上，舞者利用等待的时间按摩自己疼痛的脚踝。等待，是舞者的等待，也是陪伴者的等待，母亲或管家的等待，舞者身边坐着发呆的女性，让人寻索思考，这名女子，黑衣黑帽，黑色雨伞，她的等待的身体姿态特别有趣，德加对人内在世界的细心观察令人吃惊，如果这张画是以舞者为主角，为何旁边的女子反而如此突出，引人注意？

《芭蕾排演》1874
法国巴黎奥赛美术馆藏

《芭蕾排演》1874

54.3 厘米 ×73 厘米，美国纽约大都会艺术博物馆藏

《等待》1882

48厘米×61厘米，美国洛杉矶诺顿美术馆藏

《芭蕾教室》1880

81.6厘米×76.5厘米,美国费城美术馆藏

《芭蕾舞者》1890—1900
英国国家美术馆藏

《芭蕾课》1880—1900
私人收藏

《两个舞者》1900

德国伍珀塔尔海德博物馆藏

《三个舞者》1895—1898

私人收藏

芭蕾舞者系列画作

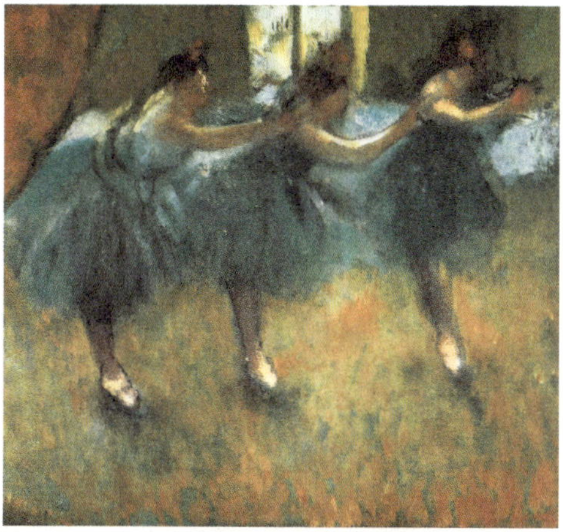
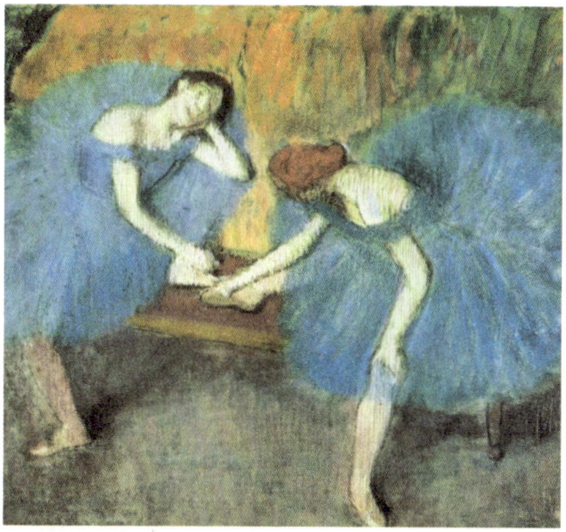
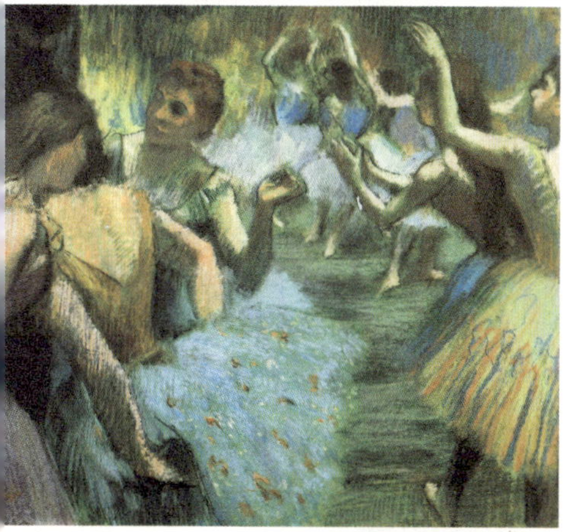
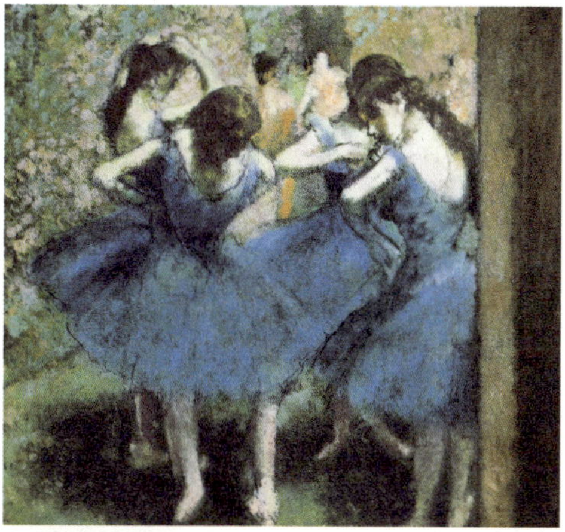
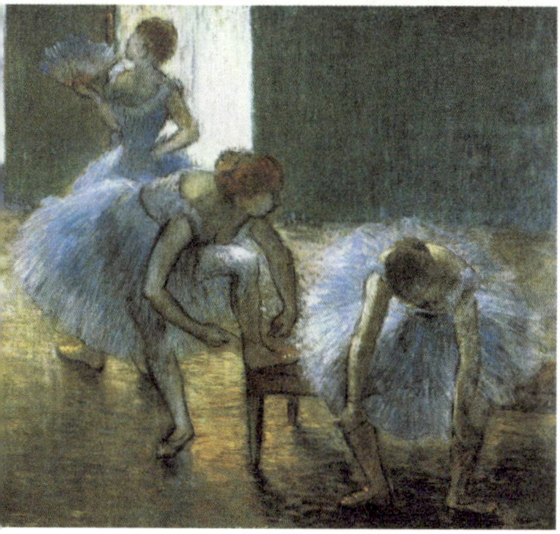
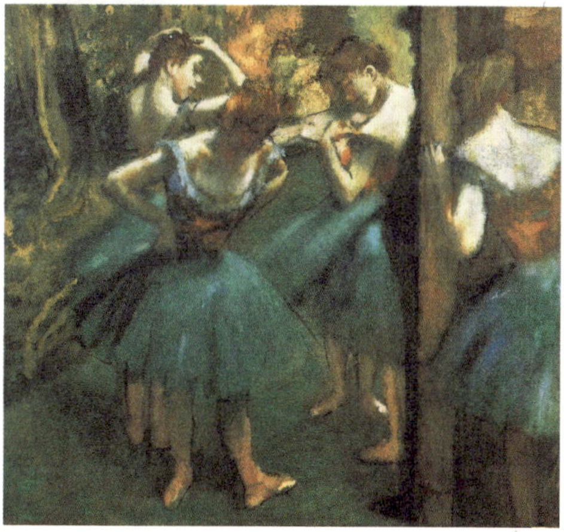

《三个舞者》1900—1905

私人收藏

《两个舞者》1890—1894
私人收藏

《芭蕾舞者》1895—1898

德国埃森弗柯望博物馆藏

《舞台上的舞者》1889

法国马赛美术馆藏

《马戏团的女特技演员》1879

117厘米×77厘米，英国国家美术馆藏

《歌舞女郎》1876—1877

57.5 厘米 ×45.4 厘米，法国巴黎奥赛美术馆藏

《女歌手》1878

53厘米×41厘米，美国哈佛大学福格艺术博物馆藏

德加去舞蹈教室速写,一次一次,长达十年、二十年,他看到的不只是舞者,而是一个城市里人的生活现象,如此广阔,也如此深沉。

后期的芭蕾舞主题作品,德加多用粉彩处理,线条快速活泼,不太在意形象的写实,色彩缤纷,仿佛蝶翼纷飞,视觉上赏心悦目,是一般大众非常喜爱的作品,流传广远,也被制作成各种海报、卡片的复制品,是他在大众生活上影响最大的美学形式。

还要注意,他在晚期这些芭蕾作品中对舞者不同于表演者的另一种关心。

奥赛美术馆收藏的一幅一八九八年的《蓝色舞者》,两名舞者在长凳上的姿态绝不是舞台上优雅的动作,她们或伸展拉筋,试图寻找身体的极限表现,或以手支颐,困倦到靠着墙就要沉沉睡去,这些动作,真实而动人,不为表演而存在,却似乎更使德加震动。

我们容易被德加后期作品外表缤纷美丽的色彩炫惑,不容易感受到他更深沉的对身体、对生命幽微的同情与悲悯。一八九一年创作的一幅《舞蹈教室》现藏于耶鲁大学美术馆,画面中央一根柱子,构图大胆突兀,右侧两名近景的舞者,一弯腰低头,一伸长右足,两名舞者的动作都真实动人,没有一点做作的表演性,是生活里最真实的人的身体反应。

舞台究竟是什么?十九世纪末,走进表演场所的画家,为什么没有一位发出像德加这么深沉而有前瞻性的询问?

事实上,德加对表演艺术的关心不只是芭蕾舞,他持续创作着在城市各个小酒馆、歌舞厅、咖啡馆看到的歌舞女郎。歌剧院只是巴黎

《蓝色舞者》1898
92 厘米 ×103 厘米,法国巴黎奥赛美术馆藏

《蓝色舞者》1890

65 厘米 ×65 厘米，法国巴黎奥赛美术馆藏

《舞蹈教室》1891

47.9厘米×87.9厘米，美国耶鲁大学美术馆藏

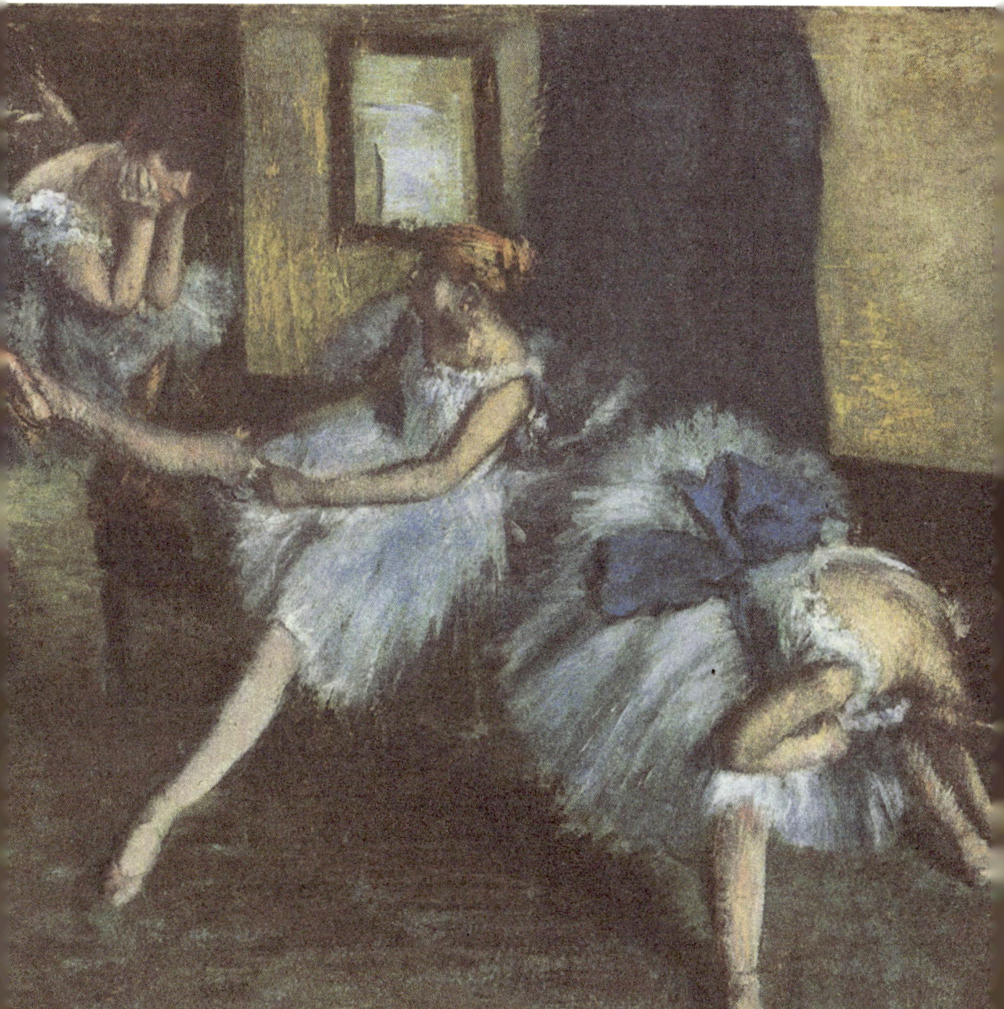

中产阶级出入的社交场所，更多的小酒馆歌舞厅，像罗特列克后来工作的红磨坊，当时只是下层阶层的舞女兼性产业从事者做卖淫营生的场所。一些流行于大众间的调情歌曲，夹杂一些脱口秀或逗笑动作，成为城市夜晚满足休闲娱乐的地方的表演项目。五光十色诡异的灯光，奇特夸张的表演动作，在德加的画里，也记录着市井小民低俗、热闹，却又无限荒凉的画面。

德加也在马戏团的现场速写着一名吊钢丝的女特技演员的表演，在众人赞叹或惊叫的同时，德加还是冷冷地记录着，仿佛他想知道，那神乎其技的飞腾，在危险中的从容自在，究竟是在取悦他人，还是自己生命的一种不断超越和升华。

他总是在热闹繁华里，孤独地凝视着他人看不见的虚无，仿佛那是靠一根细绳上升吊起的身体。

不为雕塑而雕塑

德加探讨人的身体，他把芭蕾的动作分解、伸展、拉筋、后翻、旋转、举足、伸手，每一个动作都不只是画面，同时也是画家自己身体里的一种旋律。他不只画速写、粉彩、油画，他也捏塑泥土石膏，快速用立体的材料掌握动作的稍纵即逝。这些他用来做研究的捏塑立体作品，在他一九一七年逝世之后，为了容易保存，被翻铸成铜雕，如果一一比对这些立体作品，可以发现其中与他绘画作品密切相关的许多联系。

舞者动作铜雕
1917 年

    德加用手塑立体雕像表达舞者动作,与他的绘画作品对比,可以看到他对芭蕾基本课程的理解,像单脚向后伸长拉高的阿拉贝斯克(Arabesque)动作,他重复做了很多次,不只是为了作品本身的美观完整,其实更多的意图在于实验和研究,这也是德加雕塑作品最可贵的地方。创作者不含成见,没有套用固定模式,甚至没有先确定目的,因此才使他的作品充满丰富的可能性和创造性。德加不是雕塑家,不为雕塑而雕塑,但他对雕塑的启发,却很可能更大于一般学院传统一成不变的雕塑。

    德加创作了许多舞者雕塑,其中最受瞩目的是一件《十四岁的小舞者》。

    这件作品的模特儿,是当时年仅十四岁的玛丽·凡·格特姆(Marie Van Goethem),巴黎舞蹈学院学生,一八八〇年成为巴黎歌剧院舞者。

    德加曾经多次以她为对象画速写,这件作品大约创作于一八八〇

《十四岁的小舞者》1921—1922
98 厘米 × 35.2 厘米 ×24.4 厘米，中国台湾亚洲大学现代美术馆藏

年前后，在一八八一年第六次印象派大展中展出，展出当时已经由德加亲自设计，在雕塑的人体上穿上棉舞裙，发辫末梢也系上了丝带蝴蝶结。这样处理雕塑，在石雕、木雕或铜雕之外，加入不同材料，大大突破了欧洲传统对雕塑固定的看法，让传统雕塑界震惊。艺术史上认为，这件作品观念上极具突破性，可以算是第一件尝试复合媒材（mixed-media）的作品。显然，德加不一定想了那么多，真正的创意大多来自不经意的实验和真诚的摸索，时时把创意挂在口头上，为创意而创意，把创意当招摇的口号，通常多半没有一点创意，恰好违反了真正创意的本质吧。

《十四岁的小舞者》原铸模 1880

72.9 厘米 ×35.2 厘米 ×27.5 厘米，法国巴黎奥赛美术馆藏

奥赛美术馆保存有《十四岁的小舞者》的雕塑翻铜原模，以及加上裙子发带之后的样貌，两件一起比较，可以看出德加做复合媒材的意图。他关心的不是雕塑，而是舞者，关心一个十四岁的少女在经过严格舞蹈训练之后身体出现的特质——右脚的前伸外撇、两脚之间的丁字步法、双手后伸、脊椎的挺直、头部上仰、腰部的线条紧实、腿的修长。德加面对着人的身体，舞者的身体，观察每一个细部，他不是要仿一件雕塑，他要抓住一名舞者身体永恒的特质。这件作品极具代表性，一九二二年翻铸成铜像之后，许多美术馆都拥有一件，摆置在重要的位置，和德加平面的绘画中的舞者相呼应。

舞者动作铜雕系列

229

《准备舞蹈》1885—1890
私人收藏

《休息中着装的舞者》1895
私人收藏

妓院与女性身体

二〇一一年至二〇一二年，巴黎奥赛美术馆和美国波士顿美术博物馆联合举办展出了德加的裸女系列。我是二〇一二年春天，在巴黎奥赛美术馆看到这个精彩的展览的。

过去，零零散散看过德加画的裸女，其实已经注意到他在裸体女性系列作品中很突出的特色。他与同时代许多画家不同，对欧洲学院传统的女性裸体主题有非常颠覆性的独特表现。

欧洲艺术里的女性裸体传统源远流长，可以追溯到古希腊维纳斯一类雕塑或绘画，有两千年以上的历史，欧洲美术始终离不开裸女主题。中古世纪，受到基督教的影响，裸女绘画当然受到禁止，但一到十五世纪，文艺复兴，不但重新开始恢复希腊歌颂维纳斯的裸体画传统，像波提切利，画出极具时代象征意义的《维纳斯的诞生》，重新掀起欧洲女性裸体美学的追求，而且即使在基督教绘画的主题中，也慢慢开始显露出对女性裸露肉体美的向往。威尼斯画派的提香，就一方面画维纳斯横躺的裸体，而另一方面在类似基督教圣女抹大拉的马利亚的图像中,开始大胆用近似裸体的方式处理女性身体。

经过巴洛克时代,女性裸体艺术,无论是绘画或雕刻,都成为学院艺术的主流。十九世纪,新古典主义兴起,在安格尔的画里,裸体女性的美,精致华丽如瓷器一般,晶莹剔透,刻意摆出优雅姿态,建立了学院美术中女性裸体的最高典范。

德加曾经受教于安格尔,他最初的素描训练也一定承袭了这一学院传统,画裸体模特儿,裸体模特儿摆置固定的姿态,大多是极度唯美、修饰到无瑕疵的女性身体。

德加出身贵族,他身上具有极深厚的欧洲传统人文素养,德加又极早就在意大利学习古典艺术,临摹文艺复兴诸大师的作品。他对于古典人物肖像的高贵华美气质的喜爱,也都表现在他早期的家族人物肖像画之中。

德加在十九世纪六十年代创作《青年斯巴达》的画中也有裸体,裸体的少男少女,身体姿态也都还是遵循欧洲学院唯美的传统。一八六五年,他在《中世纪战争》这张画作里处理了受凌虐残害的女性身体,但基本上,虽然被绑缚,被杀害,被残虐,但那些女性的裸体并不难看,无论肉体本身或姿态,都还使人可以连接到学院美术唯美的传统。

如果从德加的出身,德加的人文教养,德加的美学训练来思考,一定很难理解他后来在女性裸体这一主题上发生的巨大变化。在女性裸体画系列里,他开创了完全不同于欧洲传统美学的身体符号。

《中世纪战争》 1865

85 厘米 ×147 厘米,法国巴黎奥赛美术馆藏

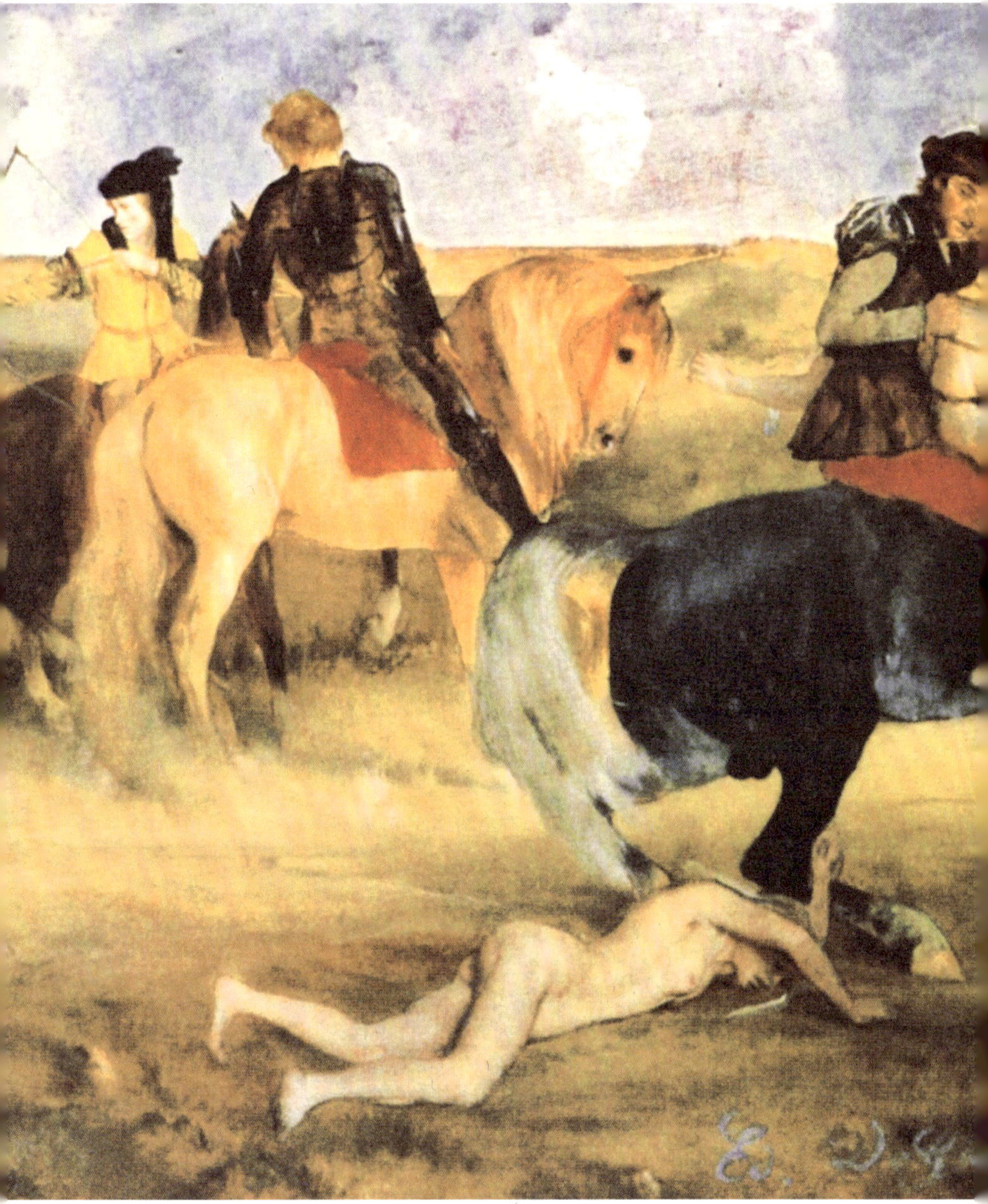

女性裸体的思考

这些赤裸的女性身体,多在沐浴洗澡,在完全个人私密的空间,没有外人会看见,她们不必顾忌他人的眼神,她们自由自在,擦拭清理身体各个部位,颈项、腋下、两胯、脚趾、臀部、两肋、膝弯,我们可以试着自己用手触碰身体的每一个部位,这些动作,因为不是表演给他人看,不是摆出来的姿态,所以一点也不唯美,甚至极其不雅。例如,在沐浴中,蹲在地上,用毛巾清洗下阴或肛门的女性身体,大胆、粗野、鄙俗,真实到令人瞠目结舌的女性裸体,让习惯享受女性裸体艺术唯美的群众大吃一惊。

德加最早一批裸体女性系列的作品,曾经在一八八六年最后一次印象派大展中展出,可以想象一般群众所受到的震撼之大。

德加在一八七八年前后,已经创作了一系列以妓院为主题的作品,画中的女性裸体开始颠覆传统,德加显然在思考:女性裸体一定唯美吗?

女性身体回到了生活之中,不再是希腊神话里的维纳斯,不再虚幻地徜徉在美丽的波浪之上。这些身体,就是妓女的身体,这样的身体,是她们换取生活温饱的工具。画家似乎真实面对着社会一个角落的女性,她们真实存在,她们的身体满足着都会男子的欲望,她们贩卖自己的身体维生,她们或许比任何人更真切知道赤裸身体的意义是什么。她们对于赤裸的身体,也没有任何虚浮的幻想,没有道德教条上的好或不好。她们似乎也已经习惯这样的赤裸,每一天都这样赤裸，赤裸的身体，可以愉悦他人，也可以养活自己，她们如此坦然面对赤裸身体。

德加的这些作品，揭开了欧洲学院美术女性裸体绘画唯美传统的假面，他要用这样真实、深刻，不含偏见，没有道德褒贬的眼睛，静静凝视面前这些叫作"妓女"的女性裸体。妓女的裸体，当然也是女性身体，因为男人需要，因为有人花钱购买，就有这样的行业，就有女性提供她们的裸体，做这样的买卖。

这些身体并不美观，她们甚至有些低俗，有一点疲倦，懒散地躺在地上，仿佛她们在过度使用身体之后，在狂暴的淫欲过后，也如此感觉到自己身体存在的虚无性。

德加在妓院这一系列主题中不断促使看画的人思考：女性身体的真实意义究竟是什么？

我们可以推测，德加是在真正的妓院做他系列作品的探讨，他面对这些妓女，了解她们的生活细节、与妓院老鸨的关系、与嫖客的关系、妓女与妓女之间的关系，德加必须不含任何成见，用最冷静的态度凝视眼前的一切。

长久以来，在人类的文化中，把性作为隐秘的、污秽的、不可告人的事物看待，长久以来，每一个社会普遍存在的娼妓问题，都被道德意识掩盖着，假装视而不见，或者，用唯美修饰过的裸体艺术来美其名为"升华"。然而在德加的笔下，女性裸体的贩卖这么真实，德加不想掩盖这个事实，他甚至不想刻意美化修饰这些女性裸体低俗、卑微甚至难堪的部分。靠着裸体来取悦嫖客，满足嫖客既饥渴又恐惧

《正经的客人》1876—1877
私人收藏

被知道的复杂心情,妓女们的身体绝不像神话里的维纳斯,没有那么优雅,没有那么高贵,没有那么娇宠。这些身体粗鄙、卑贱、廉价,要满足各种嫖客的欲望,在街头拉客,与嫖客讨价还价,调情做爱,贩卖身体,清洗身体秽物,这些,都如此真实。

这些身体,使德加震动吧。出身于高贵的贵族富商世家,终身不娶,孤独的德加,对人充满了洁癖。但是,是什么原因,让德加如此深沉地凝视着这些女性身体,不断观察,不断速写,不断记录,创作出一件一件在当时甚至还无法公开展示的惊人画作?

一八七七年,德加创作了同样用妓院做主题的一件作品,画面是一家妓院入口处的接待间,妓女闲坐,正等待嫖客上门。鹅黄色的两张沙发,近景一张沙发上坐着两名妓女,也都是赤裸一丝不挂。一位穿红色长袜,身体向前倾,撅起屁股,好像在等待嫖客上门,有点无聊发呆,她的脸庞其实一点也不美观。远处一张沙发上一名穿蓝色长袜的妓女,躺卧沙发上,好像困倦睡着了,两条腿跷在沙发上,露出没有一点遮掩的下阴。

德加是美学的革命者,他颠覆了一个长久牢不可破的传统,让女性的身体有了新的解读方式。他也不在意这些作品是否能被世俗接受,他只是忠实于自己。在二〇一一年至二〇一二年的波士顿美术博物馆和巴黎奥赛美术馆的展览,德加的一系列裸女,有机会从世界各大美术馆或私人收藏,集结在一起展出。因为作品如此完整,震撼了许多人。无论从美术、社会,甚至政治的历史上来看,德加对女性身体私密的系列创作,都充满了颠覆性与批判性。

《等待来客》1876—1877

16 厘米 ×12.5 厘米，私人收藏

《妓女与客人》1877

21.5 厘米 ×16.1 厘米，私人收藏

《妓院》1879
私人收藏

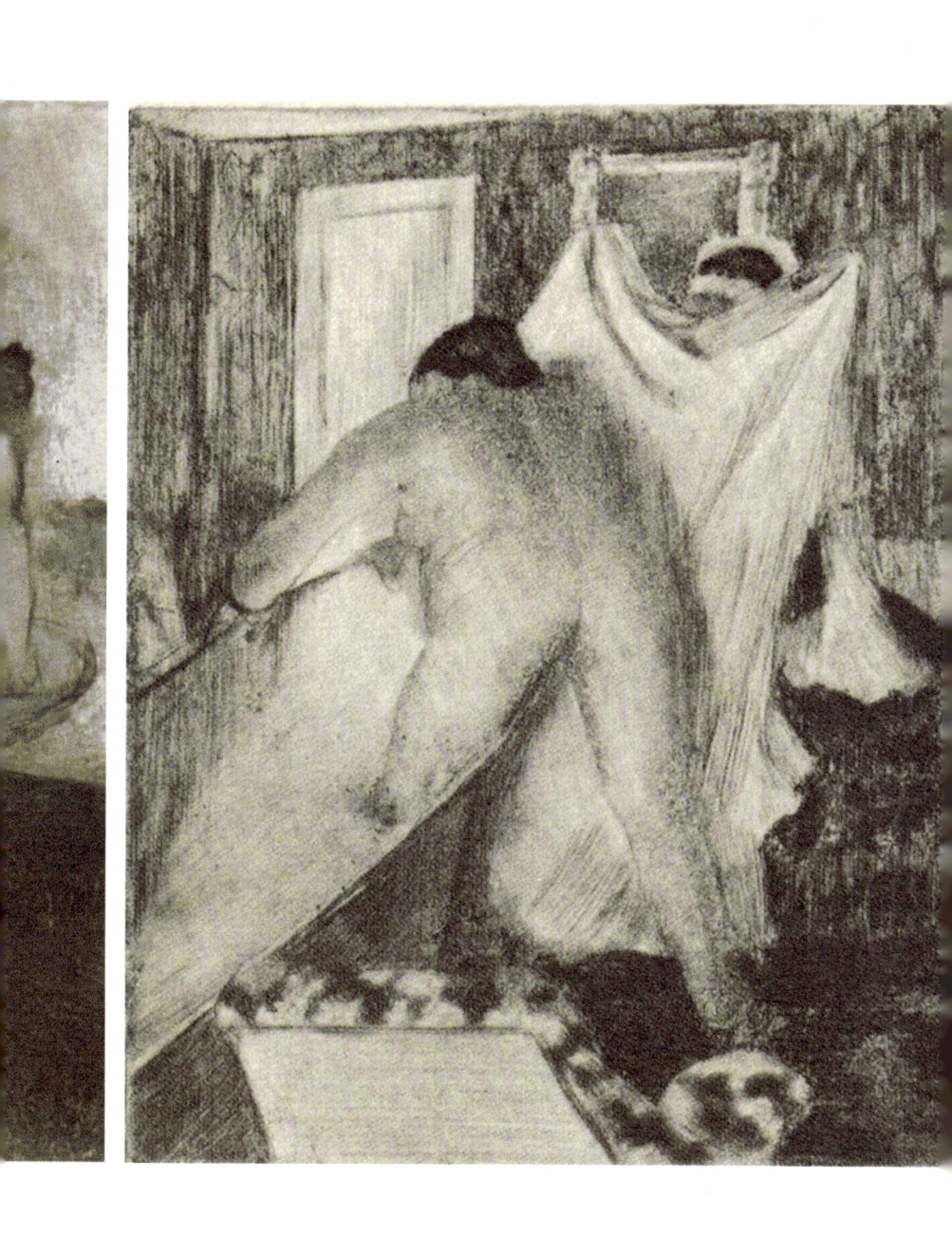

《浴后》1878

12.8厘米×12.8厘米,美国马萨诸塞州克拉克艺术中心藏

《抓背的妓女》1881
40.6 厘米 ×41.6 厘米，美国丹佛艺术博物馆藏

德加的妓院系列，包括这些妓女非常私密的生活细节：她们如何看到面容严肃害怕的嫖客，要主动出击拉客，她们如何一派轻松地在一名紧张的嫖客面前沐浴、梳头发，如何蹲坐在水盆边清洗自己的下体。这些作品，有些是纸上单色素描或版画，有些加上了鲜艳的粉彩，使一个在大众心目中原来好像很神秘的妓院场所，忽然变成了当代城市真实的生活场景。

妓院里的特殊生态，或许震撼了德加，德加不只描写妓女与嫖客、妓女与老鸨之间的关系，他还加入了妓女与妓女之间非常幽微的生活细节。有时候是彼此相拥而眠，仿佛寻找真正的身体温暖，男性嫖客只是占有她们的身体，购买她们的身体，她们真正的温暖安慰，反而来自同样是妓女的姐妹。

妓女们在床上相互爱抚，谈心，彼此探视身体，德加如此真实凝视着眼前的一切，使人不禁会问道：德加如何可以进入女性如此私密的场所？德加这一类画作开风气之先，影响到许多人，最明显的像罗特列克、波纳、毕加索、马蒂斯也都受他影响。二十世纪许多重要的女性身体记忆，都遵循德加这一传统一路发展下来了，强烈背叛了学院传统。

女性身体的私密记忆

也许因为一八八〇年以前所作的妓院素描，让德加对女性身体的

《浴后》1896
116 厘米 ×97 厘米，私人收藏

《梳理头发》1896—1900
挪威奥斯陆国立艺术学院藏

《沐浴的女人》1883

私密性有了创新性的突破,德加后期的作品,裸体女性系列成为他最重要的创作主题。

这些裸体女性的身体,完全背叛了传统欧洲学院美术唯美矫情的窠臼,大胆走向现实生活。

对于德加而言,他也一定意识到:不只是妓院女性的赤裸身体有她们私密的记忆,一般生活里的女性,每一个女性,不分贵贱贫富,都会有面对自己身体私密的机会。非常私密的时刻,在厕所、在浴室、在洗澡时、在抓痒时、在搓洗脚趾时、在梳头时,德加开始一系列表现女性身体的私密记忆。

所谓私密,是因为这些时刻都是自己一个人,在封闭的空间,确定不会有人窥探。然而,德加看到了,他静静凝视,速写记录,觉得那是女性身体多么自在而美丽的时刻,无须担心顾忌他人看到,颠覆了女为悦己者容的观念,不再是学院美术教室摆出来的姿势,不再为了别人的眼光而拘束,德加赞叹着:多么真实自然的私密身体。

德加一张一张画着,年老的德加,和年老的雷诺阿一样,都画女性裸体,然而如此不同。雷诺阿的后期女体充满欲望,丰腴肥胖,都是饱满的生命力,像是处处有老画家贪婪、抑制不住的情欲与眷恋,然而德加还是一贯的冷静。他冷冷凝视着这些私密的女性身体:洗完澡,从浴缸里跨出来,丰满、有一点肥胖、养尊处优的身体,一脚跨出来,一脚还在浴缸里,旁边女仆正准备好浴巾擦拭。这个主题德加画了很多次,从学院传统来看,这不是一个美观的动作,身体是背面,跨步动作也不雅观,画面不平衡,然而也许这正是德加要捕捉的

《梳妆的女子》1921—1922
47厘米×25.7厘米×17.5厘米，中国台湾亚洲大学现代美术馆藏

刹那吧。人的身体，不在乎他人，专注在一个动作里，不为他人而计较姿态，这样的身体，让德加迷恋。

一名女性，沐浴前后，赤裸着身体，好像背部痒，左手伸到背后抓挠，这样的动作，不会在众人面前做。因为教养礼貌，身体可能失去了一些本来存在的真实性，德加想要一一找回来这身体私密时的真实。

德加在纽约大都会艺术博物馆有一件很好的粉彩作品，题名《梳头》，一八八六至一八八八年创作，画面中一位女性刚洗完澡，全身赤裸，正面坐在沙发上，后面一位女仆正用梳子为她梳长发，头发向后拉，女子的身体也被梳子的力量向后拉，她双手插在腰部，头部后仰，仿佛在享受这样放松的时刻。

德加研究着女性身体里私密的记忆，不只是视觉。在私密的沐浴空间，梳子在头发上拉扯的力量，是微妙的触觉，肥皂或香精的嗅觉记忆，水的温度在皮肤上的记忆，水的回流的声音——德加和画中的人物仿佛一起感受着身体感官这么真切的记忆。

普林斯顿大学收藏一件女性粉彩裸体作品，一名丰满的女性，背对画面站立，双手扶住自己的臀部，像是按摩，也像是片刻发呆。我们看不到表情，然而那身体里仿佛说着非常真实动人的故事，平凡生活里的故事，日复一日的故事，并不美观，没有人可以分享，然而却是真正自己身体里最可贵的私密记忆。

坐在水盆里擦拭臀股部位的女性裸体：坐着，高举左脚，把右手伸长擦脚指头的动作，这几件粉彩作品，都让人停留、思考，德加如何寻找到这样的题材？如何说服对方让他看这样的动作？这么私密的人体动作，一个画家如何参与？一连串的追问，可能会突显出德加晚年对身体美学的惊人革命吧。

这一系列女性沐浴的身体描写，素描或粉彩，可以快速记录，德加一直持续到晚年。七十岁前后，他视觉严重退化，然而留下来的炭笔速写仍然精准活泼，可以放在现代最前卫的作品中而不逊色。一幅一九〇五年创作的《沐浴》，现藏于休斯敦美术馆，表现沐浴后女子将干头发上的水，女子身体微微倾侧，左手抓头发，右手拿毛巾擦拭。德加画笔下的裸体动作已经摆脱了所有欧洲学院美术传统僵化的禁锢，他让人体彻底回到现实，回到真实的生活之中。

德加晚年也一样用石膏黏土捏塑很多女性沐浴的裸体，和他的芭蕾舞系列一样，和他的马一样，他还是用系列研究的态度，做同一个动作不同面向的立体观察，这些立体雕塑，如果能和他的平面绘画一起比对，更可以认识到他的用心所在。

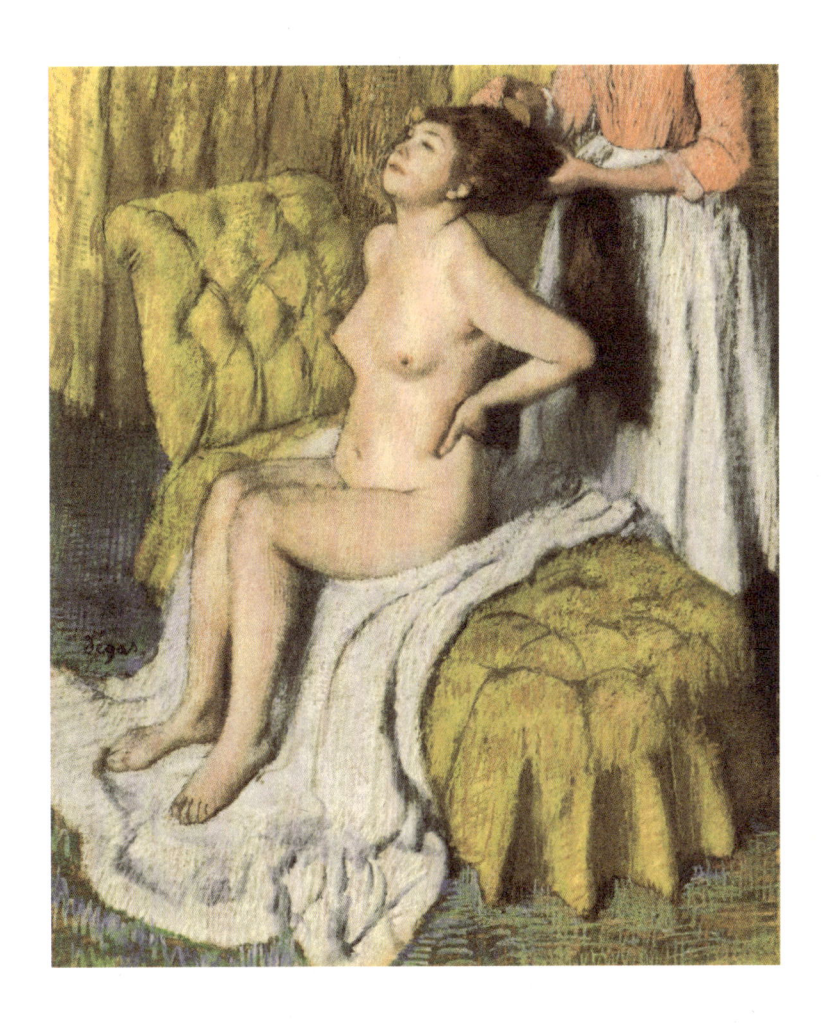

《梳头》1886—1888

74 厘米 ×60.6 厘米。美国纽约大都会艺术博物馆藏

《抓挠》1886

67 厘米 ×52 厘米，美国普林斯顿大学藏

《沐浴》1884
英国苏格兰格拉斯哥凯文葛罗夫艺术博物馆藏

《洗足女子》1886

50.2 厘米 ×54 厘米，美国纽约大都会艺术博物馆藏

《沐浴》1905

78.7 厘米 ×78.7 厘米，美国休斯敦美术馆藏

图书在版编目（CIP）数据

蒋勋谈德加：凝视繁华的孤寂者 / 蒋勋著.
北京：现代出版社, 2025. 6. -- ISBN 978-7-5231-1198-7

Ⅰ. K835.655.72
中国国家版本馆CIP数据核字第2025TC4271号
北京市版权局著作权合同登记号，图字：01-2025-1917

本著作物经北京时代墨客文化传媒有限公司代理，由作者蒋勋授权北京新东方大愚文化传播有限公司，在中国大陆发行中文简体字版本。

蒋勋谈德加：凝视繁华的孤寂者
JIANGXUN TAN DEJIA: NINGSHI FANHUA DE GUJI ZHE

著　　者	蒋勋
选题策划	大愚文化
责任编辑	司丽丽
产品监制	王秀荣
策划编辑	温雅卿
特约编辑	范琳
装帧设计	所以设计馆
责任印制	贾子珍
出版发行	现代出版社
地　　址	北京市安定门外安华里504号
邮政编码	100011
电　　话	(010) 64267325
传　　真	(010) 64245264
网　　址	www.1980xd.com
印　　刷	炫彩（天津）印刷有限责任公司
开　　本	880mm×1230mm 1/32
印　　张	8.25
字　　数	174千字
版　　次	2025年6月第1版　2025年6月第1次印刷
书　　号	ISBN 978-7-5231-1198-7
定　　价	59.80元

版权所有，翻印必究；未经许可，不得转载